KB124719

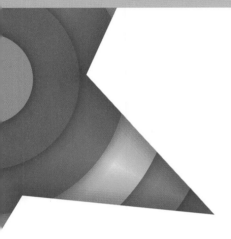

BASA와 함께하는
읽기능력 증진 개별화 프로그램

읽기 나침반
② 읽기유창성편

| 김동일 저 |

학지사

읽기는 인류 역사상 새로운 문명을 개척하는 가장 강력한 요소였으며, 자신을 표현하는 중요한 방식이었습니다. 오늘날 과학기술의 발전과 더불어 매일 새로운 정보를 접하게 됨에 따라 읽기를 통한 학습과 읽기 능력의 중요성은 늘 강조되고 있습니다. 따라서 읽기 능력은 학교 학습의 기초이며, 나아가 학생들의 학업과 생활 전반의 중요한 수단으로서 읽기 활동은 필수적입니다.

이에 취학 전 가정에서 한글 학습을 준비하며 초등학교 입학 전 한글을 익히는 것을 당연시하게 되었습니다. 그럼에도 학교 현장에는 여전히 난독증, 학습부진 및 학습장애뿐만 아니라 다양한 문화·경제·언어 특성과 같은 요인들로 인하여 읽기 학습에 어려움을 겪는 학생들이 존재합니다. 이에 따라 읽기에 어려움을 보이는 학습자의 정확한 진단 및 적절한 교육 지원의 필요성이 대두됩니다.

우리나라 현실에서는 학교가 학습자의 개별적인 읽기 수행에 맞추어 탄력적으로 수업을 진행하기 어렵고, 모든 학습자에게 가장 효과적인 교수 방법을 찾는 일 또한 요원해 보입니다. 이에 『BASA와 함께하는 읽기능력 증진 개별화 프로그램: 읽기 나침반』시리즈는 읽기에 심각한 어려움을 겪는 학습자의 현재 수행 수준과 발달 패턴을 살펴보면서 개별화교육이 가능하도록 연구 작업을 통하여 개발되고 수정되었습니다. 이 시리즈는 BASA(Basic Academic Skills Assessment: 기초학습기능 수행평가체제) 읽기검사 결과에 따라 추가적인 중재가 필요한 학습자를 대상으로 학업 생존기술(survival skills)로서 읽기 학습에 초점을 맞추고 있습니다. 따라서 단순히 한글 자모를 외우면서 읽기를 처음 배우는 것을 넘어서서, 다양한 읽기 필수 기능으로서 음운인식, 유창성, 어휘지식, 이해를 계통적으로 밟아 나가며 읽기 전략을 익히도록 기획하였습니다.

1권 〈음운인식편〉은 학습자 중심으로 구성된 '학생용', 그리고 학습자를 돕는 '교사용'으로 구성되었습니다. '학생용'은 총 3단계 과정으로서 1단계에서는 기본모음, 자음을 포함하고, 2단계에서는 쌍자음과 이중모음의 조합을 소개하며, 3단계에서는 복받침을 제외한 받침들을 종류별로 나누어 소개하고 있습니다. 부록에는 학습자가 각 학습 활동에서 사용할 수 있는 붙임딱지와 직접 오려 사용할 수 있는 글자를 포함하여 흥미롭게 진행할 수 있게 제작하였습니다. 이 부록의 글자들은 색깔 코딩이 되어 있어 학습자가 조금 더 의미 있게 한글을 익힐 수 있게 하였습니다.

2권 〈읽기유창성편〉역시 학습자 중심으로 구성된 '학생용'과 학습자를 돕는 '교사용'으로 구성되어 있으며, 총 3단계 9차시로 구성되어 있습니다. 1단계에는 동요, 동시, 짧은 글을, 2단계에는 감상글, 주장글, 설명글을, 그리고 3단계에는 전래동화, 역할극, 뉴스글을 구성하여 단계별로 지문의 길이가 늘어나며, 차시별로 다양한 종류의 글을 학습자에게 제공하고 있습니다. 또한 '한 걸음 더 나아가기'를 통하여 학습자가 읽기에서 많이 나타나는 읽기의 법칙을 익히고, 읽기에 흥미와 재미를 가질 수 있는 활동들을 함으로써 읽기에 대한 자신감과 성취감을 느낄 수 있도록 하였습니다. 교사용은 학습자를 지도하는 교육자 또는 학부모가 학습자와 함께 할 수 있도록 구성하였습니다.

　3권 〈어휘편〉은 초등학교 국어 교과서 어휘들의 빈도분석을 실시하여 학습자에게 우선적으로 가르쳐야 하는 어휘목록을 추출해, 그것을 활용하여 개발하였습니다. 또한 초등학교 교육과정에서 어휘 학습목표를 중심으로 단계를 구분하고, 초등학교 저·중·고학년에서 사용하는 어휘를 단계적으로 사용해 난이도를 구분하였습니다. 각 단계에서는 학습자가 개념을 충분히 이해할 수 있도록 문제풀이는 물론 교사 또는 또래와의 상호작용을 통해 능동적으로 참여할 수 있게 하는 활동을 포함함으로써 학습한 개념을 복습하고 응용할 수 있도록 구성하였습니다.

　4권 〈읽기이해편〉은 총 3단계 과정으로 구성하였는데, 각 단계는 초등학교 1~2학년, 3~4학년, 5~6학년 국어 교과서 및 학년 수준의 읽기 자료를 담고 있습니다. 각 단계에서는 읽기 이해에 필수적인 이야기 구성요소 파악하기, 요약하기, 추론하기 등의 개념 및 원리를 학습자가 그림카드, 게임하기, 도식자 등 다양한 자료와 활동을 통하여 쉽게 이해하고 적용할 수 있도록 제시하였습니다.

　이 시리즈는 읽기를 찬찬히 꼼꼼하게 공부하는 우리 학생을 먼저 생각하여 교과서 및 다양한 읽기 자료를 기반으로 개별화 학습이 가능하도록 구성되었습니다. 우리 학생들이 의미 있는 증거기반 읽기전략 학습 탐색의 기회에 지속적으로 참여하면서 자신의 눈높이에서 학습자 중심의 자기주도학습의 주체로서 읽기를 배우고 즐기기를 진심으로 기대합니다.

2017년
서울대학교 교육종합연구원 특수교육연구소(SNU SERI) 소장
오름 김동일

📊 읽기유창성이란?

읽기유창성이란 특정 음절의 억양, 고저, 강세, 휴지, 시간 등 구어적 특성을 살려 능숙하게 읽는 것을 말하며 적절한 운율을 사용하여 정확하고 적절한 속도로 읽는 것을 말합니다. 읽기유창성은 단순히 읽는 것에만 국한되지 않고 읽기 해독, 언어처리, 이해기술과 같은 언어적 능력과 텍스트의 의미를 이해하는 것도 포함하는 개념입니다. 읽기유창성에 어려움을 가지면 철자의 왜곡, 대치, 생략을 빈번하게 보이며 읽는 속도가 느리고 읽는 내용을 잘 이해하지 못하는 등의 특징을 보입니다.

📊 읽기유창성능력과 읽기발달

읽기유창성은 낱말해독과 읽기이해의 중간 다리 역할을 합니다. 읽기의 최종 목표인 읽기이해를 하기 위해서는 읽기유창성의 역할이 중요합니다. 그렇기 때문에 읽기유창성을 위해서는 빠른 낱말 해독 과정이 필수적이며, 따라서 빠르고 정확하게 글자를 재인하고 인출하는 속도가 필요합니다. 읽기발달 단계에서도 음운인식을 통한 문자해독단계 이후가 읽기유창성단계로, 저학년이 해독에 초점을 맞춘다면 고학년으로 갈수록 읽기유창성을 통한 학습이 더욱더 중요해집니다. 다시 말해, 습득한 음운인식단계인 기본적인 문자해독기술과 통찰을 활용하여 책을 읽으면서 자신의 지식이나 언어와 비교해 보는 기회를 가지고, 좀 더 복잡한 발음은 읽기유창성단계에서 학습하게 됩니다. 그래서 학생은 읽기유창성단계에서 자신의 문자해독지식과 언어의 세부적인 부분들을 사용하는 것을 배우게 됩니다. 이를 통해 학생은 자신감뿐만 아니라 문맥을 사용하는 기술을 습득하여 정확하고 빠르게 읽는 읽기유창성을 익힙니다.

📊 읽기유창성 지도의 효과

읽기유창성은 읽기이해와 밀접한 관계가 있는데 그중 자동화에 대한 부분을 찾을 수 있습니다. 자동화능력은 복잡한 정보처리과정을 요하는 과제를 수행할 때 의식적인 노력 없이 자동적으로 과제를 수행할 수 있는 능력을 의미합니다. 자동화되어 있는 학생은 부드럽게 효과적으로 빨리 정보를 처리할 수 있습니다. 또한 문자를 소리로 바꾸는 데 드는 인지적 자원의 소모를 줄일 수 있습니다. 유창하게 읽는 학생은 문자를 읽는 과정이 자동적으로 이루어지기 때문에 음운인식에는 별다른 인지적 노력이 필요하지 않고 주의력을 문장이해로 돌릴 수 있기 때문에 읽기이해에서도 우월한 능력을 보일 수 있게 됩니다.

📊 RTI 교수법(중재반응모형, Response-to-Intervention)

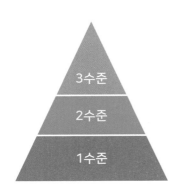

RTI는 2001년부터 학습장애 판별을 위해 새롭게 적용된 학습모델입니다. 1수준은 학교 수업처럼 모든 일반 학생을 대상으로 실시하는 대그룹 교수(약 20~30명)이며, 진전도를 점검하여 지속적인 어려움을 보이는 학생을 선별하여 2수준 교수를 받도록 합니다. 2수준은 소그룹 교수(약 5~7명)로, 보다 집중적으로 교육받을 수 있는 환경과 교재가 제공되며, 충분히 교수를 제공받았음에도 여전히 진전이 없는 학생은 3수준 교수를 받도록 합니다. 3수준 교수는 일대일 교수를 제공하도록 권고되며, 학생의 수준에 맞는 개별적으로 고안된 중재를 받도록 합니다.

이 〈읽기유창성편〉은 3수준 교수가 필요한 학생을 대상으로 교사와 학생의 일대일 수업을 진행하는 데 효과가 있도록 제작되었으며, 학생의 개별적인 특성과 수준에 맞는 교재를 제공하기 위하여 1단계는 짧은 글 읽기, 2단계는 다양한 종류의 글 읽기, 3단계는 글의 특성에 따라 표현하며 읽기의 총 9차시로 구성되어 있습니다.

📊 읽기유창성편의 단계별 소개

1단계(1~3차시)	2단계(4~6차시)	3단계(7~9차시)
짧은 글을 읽어 보아요	다양한 종류의 글을 읽어 보아요	글의 특성에 따라 표현하면서 읽어 보아요
• 동요 읽기: 멜로디가 친숙한 동요의 가사를 읽음으로써 읽기에 흥미를 갖고 재미를 느낀다. • 동시 읽기: 멜로디가 없는 짧은 글인 동시는 각 행과 각 연을 끊어서, 읽기에 중점을 두고 읽는다. • 짧은 글 읽기: 짧은 형식의 일기글, 편지글, 이야기글을 통하여 문장으로 이루어진 글을 읽는다.	• 감상글 읽기: 감상하는 내용을 고려하면서 유창하게 읽는다. • 설명글 읽기: 글이 설명하는 내용을 고려하면서 유창하게 읽는다. • 주장글 읽기: 주장하는 내용을 고려하면서 유창하게 읽는다.	• 전래동화 읽기: 전래동화에 등장하는 인물들의 특성을 고려하여 읽는다. • 역할극 읽기: 역할극에 등장하는 인물들의 특징을 고려하여 인물을 묘사하며 읽는다. • 뉴스 읽기: 뉴스를 전하는 리포터 또는 기자로서 정보 전달의 중요성을 강조하면서 읽는다.

읽기유창성편 활용 팁(Tips)

하나, 읽기유창성편을 시작하기 전 기초학습기능 수행평가체제 읽기검사(BASA 읽기검사)를 활용하여 기초선을 측정하고 목표를 설정합니다. 이는 학습자의 현재 수행 수준을 파악할 수 있을 뿐만 아니라 학습 속도와 방향에도 긍정적인 도움을 줍니다.

둘, 읽기유창성편은 학생용과 교사용으로 구성되어 있습니다. 학생용과 교사용의 내용은 동일하며, 교사용에서는 학습자의 학습 요구를 파악하여 학습할 수 있는 가이드라인을 제공합니다. 읽기유창성편은 세 가지로 구성되어 있습니다. 첫 번째는, 전체 지문의 일부분을 학습자가 먼저 접할 수 있도록 하였습니다. 지문의 일부를 읽을 때 학습자는 발음이 어려운 단어를 확인하고, 자기 자신이 읽는 소리를 녹음하여 들을 수 있도록 합니다. 녹음 파일을 들으면서 지문과 비교하여 읽기오류의 유형 및 발음을 수정할 수 있습니다. 두 번째는, 지문의 일부를 읽은 다음 전체 지문을 읽을 수 있도록 하였습니다. 지문이 가지는 특성에 따라 여러 가지 방법으로 지문을 읽어 학습자가 여러 종류의 글을 접할 수 있도록 하였습니다. 전체 지문에서도 발음이 어려운 단어를 확인하여 연습할 수 있습니다. 세 번째는, 전체 지문을 읽고 사실적 이해를 기반으로 둔 빈칸 채우기 문제와 O/X 문제를 제공하고 있습니다. 학생들이 유창하게 읽을 뿐만 아니라 읽은 내용에 대해서 이해하는지를 간략하게 확인하기 위한 것입니다. 1단계에서는 빈칸 채우기만 제공되며 2단계와 3단계에서는 빈칸 채우기와 O/X 문제가 제공됩니다. 네 번째는, 글을 읽은 후 학습자가 기억나는 것이 무엇인지를 이야기할 수 있도록 하였습니다. 이 부분에서는 정답이 없으며, 교사가 학습자와 같이 자유롭게 이야기하면서 글에 대한 느낌이나 감상 등을 나눌 수 있도록 하였습니다.

셋, 각 차시 뒤에는 차시에서 연습한 지문과 상관없이 학습자가 읽기에 대한 흥미를 가질 수 있는 '한 걸음 더 나아가기'가 있습니다. '한 걸음 더 나아가기'는 세 가지를 제공합니다. 첫 번째는, 읽기와 관련된 음운변동을 제공합니다. 예를 들어, 끝소리규칙, 구개음화, 자음동화, 음운축약, 탈락, 첨가와 같이 읽을 때의 발음의 변동에 대한 내용을 제공하고 있습니다. 두 번째는, 학습자 스스로 자신이 읽을 주제를 사다리의 빈칸에 적은 후 사다리 모양을 완성하도록 하는 사다리 게임을 활용합니다. 사다리 게임을 통하여 학습자 스스로 읽기에 대한 흥미를 높이고 자신이 만든 게임이기에 책임감과 성취감을 가질 수 있도록 합니다. 세 번째는, 잰말놀이입니다. 언어휴의의 일종으로 '빠른말놀이'라고도 불립니다. 잰말놀이는 각 단어의 발음이 비슷해서 빨리 발음하기 어려운 문장을 빨리 읽는 놀이입니다. 학습자가 발음을 정확하게 읽으면서 놀이를 할 수 있도록 읽기에 흥미를 가지게 합니다. 잰말놀이를 통한 성공은 유창하게 읽기 위한 자신감과 성취감을 높일 수 있습니다.

넷, 한 차시가 끝날 때마다 기초학습기능 수행평가체제 읽기검사(BASA 읽기검사)를 활용하여 진전도를 확인합니다. 처음에 설정한 목표를 잘 따라오고 있는지 확인하는 것으로, 아동의 학습 속도가 예상 목표보다 느리거나 빠를 경우 진전도 점검을 통해 목표를 수정할 수 있습니다.

단계

01

동요를 읽어 보아요

'퐁당퐁당' 동요를 읽어 보아요

📖 **학습 목표** '퐁당퐁당' 동요의 가사를 정확하게 읽어 봅시다.

※ 이렇게 지도해 주세요.

– 잘못 읽은 단어가 있는지 확인해 주세요.
– 빠뜨린 글자가 있는지 확인해 주세요.
– 추가된 글자가 있는지 확인해 주세요.
– 정확하고 빠르게 읽도록 지도해 주세요.
– 읽은 시간은 기록하도록 지도해 주세요.
– 학생 스스로 녹음하여 들을 수 있도록 지도해 주세요.

1. 네모상자 안의 내용을 읽어 봅시다.

※ 읽는 방법

– 손가락으로 글자를 가리키면서 눈으로 읽어 봅니다.
– 손가락으로 글자를 가리키면서 소리 내어 읽어 봅니다.
– 손가락을 사용하지 않고 소리 내어 읽어 봅니다.
– 충분히 연습한 후 읽은 내용을 녹음을 해 봅니다.
– 자신 있게 읽으며 시간을 기록해 봅니다.

(1) 전체 지문의 한 문단을 읽어 봅시다.

건너편에 앉아서 나물을 씻는
우리 누나 손등을 간질여 주어라.

◇ **어떻게 읽을까요?**
• 앉아서 [안자서]
• 손등을 [손뜽을]

(2) 녹음 파일을 들으면서 지문을 눈으로 읽고 확인해 봅시다.

	횟수	내용
시간을 기록해 보세요.	초	
잘못 읽은 글자가 있었나요?		
탈락한 글자가 있었나요?		
첨가한 글자가 있었나요?		

– 잘못 읽은 글자를 지문에 학생 스스로 ○표 하도록 지도해 주세요.

– 잘못 읽은 글자를 주의하여 글상자 안의 내용을 다시 한 번 읽을 수 있도록 지도해 주세요.

– 빠뜨리거나 추가된 글자가 있는지를 확인할 수 있도록 하고 지도해 주세요.

2. '퐁당퐁당' 동요의 가사를 정확하게 읽어 봅시다.

퐁당퐁당

퐁당퐁당 돌을 던지자
누나 몰래 돌을 던지자
냇물아 퍼져라 널리 널리 퍼져라
건너편에 앉아서 나물을 씻는
우리 누나 손등을 간질여 주어라.

- -

◇ **어떻게 읽을까요?**
- 냇물아 [낸무라]
- 앉아서 [안자서]
- 씻는 [씬는]
- 손등을 [손뜽을]

---

3. '퐁당퐁당' 동요의 가사를 읽고 문제를 풀어 봅시다.

　① 괄호 안에 알맞은 말을 적어 보세요.

　• 누나 (몰래) 돌을 던지자

　• 건너편에 앉아서 (나물을) 씻는

　• 우리 누나 손등을 (간질여) 주어라

4. 글에 대하여 기억나는 것이나 느낌을 이야기해 봅시다.

'섬 집 아기' 동요를 읽어 보아요

📖 **학습 목표** '섬 집 아기' 동요의 가사를 정확하게 읽어 봅시다.

> ※ 이렇게 지도해 주세요.

– 잘못 읽은 단어가 있는지 확인해 주세요.
– 빠뜨린 글자가 있는지 확인해 주세요.
– 추가된 글자가 있는지 확인해 주세요.
– 정확하고 빠르게 읽도록 지도해 주세요.
– 읽은 시간은 기록하도록 지도해 주세요.
– 학생 스스로 녹음하여 들을 수 있도록 지도해 주세요.

1. 네모상자 안의 내용을 읽어 봅시다.

> ※ 읽는 방법

– 손가락으로 글자를 가리키면서 눈으로 읽어 봅니다.
– 손가락으로 글자를 가리키면서 소리 내어 읽어 봅니다.
– 손가락을 사용하지 않고 소리 내어 읽어 봅니다.
– 충분히 연습한 후 읽은 내용을 녹음을 해 봅니다.
– 자신 있게 읽으며 시간을 기록해 봅니다.

(1) 전체 지문의 한 문단을 읽어 봅시다.

> 엄마가 섬 그늘에 굴 따러 가면
> 아기가 혼자 남아 집을 보다가
>
> --
>
> ◇ 어떻게 읽을까요?
> • 남아 [나마]
> • 집을 [지블]

(2) 녹음 파일을 들으면서 지문을 눈으로 읽고 확인해 봅시다.

	횟수	내용
시간을 기록해 보세요.	초	
잘못 읽은 글자가 있었나요?		
탈락한 글자가 있었나요?		
첨가한 글자가 있었나요?		

– 잘못 읽은 글자를 지문에 학생 스스로 ○표 하도록 지도해 주세요.
– 잘못 읽은 글자를 주의하여 글상자 안의 내용을 다시 한 번 읽을 수 있도록 지도해 주세요.
– 빠뜨리거나 추가된 글자가 있는지를 확인할 수 있도록 하고 지도해 주세요.

2. '섬 집 아기' 동요의 가사를 정확하게 읽어 봅시다.

섬 집 아기

1절
엄마가 섬 그늘에 굴 따러 가면
아기가 혼자 남아 집을 보다가
바다가 불러주는 자장노래에
팔 베고 스르르르 잠이 듭니다.

2절
아기는 잠을 곤히 자고 있지만
갈매기 울음소리 맘이 설레어
다 못 찬 굴 바구니 머리에 이고
엄마는 모랫길을 달려옵니다.

- -
◆ **어떻게 읽을까요?**
• 남아 [나마]   • 집을 [지블]
• 모랫길 [모래낄]

3. '섬 집 아기' 동요의 가사를 읽고 문제를 풀어 봅시다.

① 괄호 안에 알맞은 말을 적어 보세요.

- 팔 베고 (스르르) 잠이 듭니다.
- 갈매기 울음소리 (맘이) 설레어
- 엄마는 (모랫길을) 달려옵니다.

4. 글에 대하여 기억나는 것이나 느낌을 이야기해 봅시다.

'구슬 비' 동요를 읽어 보아요

📖 **학습 목표** '구슬 비' 동요의 가사를 정확하게 읽어 봅시다.

※ 이렇게 지도해 주세요.

– 잘못 읽은 단어가 있는지 확인해 주세요.
– 빠뜨린 글자가 있는지 확인해 주세요.
– 추가된 글자가 있는지 확인해 주세요.
– 정확하고 빠르게 읽도록 지도해 주세요.
– 읽은 시간은 기록하도록 지도해 주세요.
– 학생 스스로 녹음하여 들을 수 있도록 지도해 주세요.

1. 네모상자 안의 내용을 읽어 봅시다.

※ 읽는 방법

– 손가락으로 글자를 가리키면서 눈으로 읽어 봅니다.
– 손가락으로 글자를 가리키면서 소리 내어 읽어 봅니다.
– 손가락을 사용하지 않고 소리 내어 읽어 봅니다.
– 충분히 연습한 후 읽은 내용을 녹음을 해 봅니다.
– 자신 있게 읽으며 시간을 기록해 봅니다.

(1) 전체 지문의 한 문단을 읽어 봅시다.

> 대롱대롱 풀잎마다 총총
> 방긋 웃는 꽃잎마다 송송송
>
> -
>
> ◇ 어떻게 읽을까요?
> • 풀잎 [풀립]
> • 꽃잎 [꼰닙]

(2) 녹음 파일을 들으면서 지문을 눈으로 읽고 확인해 봅시다.

	횟수	내용
시간을 기록해 보세요.	초	
잘못 읽은 글자가 있었나요?		
탈락한 글자가 있었나요?		
첨가한 글자가 있었나요?		

– 잘못 읽은 글자를 지문에 학생 스스로 ○표 하도록 지도해 주세요.
– 잘못 읽은 글자를 주의하여 글상자 안의 내용을 다시 한 번 읽을 수 있도록 지도해 주세요.
– 빠뜨리거나 추가된 글자가 있는지를 확인할 수 있도록 하고 지도해 주세요.

2. '구슬 비' 동요의 가사를 정확하게 읽어 봅시다.

구슬 비

1절
송알송알 싸리 잎에 은구슬
조롱조롱 거미줄에 옥구슬
대롱대롱 풀잎마다 총총
방긋 웃는 꽃잎마다 송송송

2절
고이고이 오색실에 꿰어서
달빛 새는 창문가에 두라고
포슬포슬 구슬 비는 종일
예쁜 구슬 맺히면서 솔솔솔

◇ **어떻게 읽을까요?**
• 풀잎 [풀립]   • 꽃잎 [꼰닙]
• 맺히면서 [매치면서]

3. '구슬 비' 동요의 가사를 읽고 문제를 풀어 봅시다.

① 괄호 안에 알맞은 말을 적어 보세요.

- (송알송알) 싸리 잎에 은구슬
- (조롱조롱) 거미줄에 옥구슬
- (대롱대롱) 풀잎마다 총총

5. 글에 대하여 기억나는 것이나 느낌을 이야기해 봅시다.

한 걸음 더 나아가기 1: 끝소리 규칙 1

1. 음절의 끝소리 규칙 1

[1] 음절의 끝소리 규칙에 대해서 알아봅시다.

※ 이렇게 지도해 주세요.

- 음절이란 모음과 자음들이 만나 소리를 가진 글자 한 자 한 자를 뜻합니다.
  (예: '책상'은 '책' '상' 2개의 음절을 가짐)
- 음절의 끝소리 규칙을 설명해 주세요.
  – 받침이 있는 음절은 항상 'ㄱ', 'ㄴ', 'ㄷ', 'ㄹ', 'ㅁ', 'ㅂ', 'ㅇ' 7개의 자음으로 발음 됩니다. 이 외의 자음이 받침으로 올 때는 7개의 자음 중 하나로 바뀌어 소리 나는 현상입니다.
- 이번 시간에 'ㄱ' 소리가 나는 받침과 'ㅂ' 소리가 나는 받침에 대해서 배우는 것을 알려주세요.
  (예: 주변에서 '묶다'를 말할 때 '묶'의 받침은 어떻게 발음될까?)

(1) 'ㄱ'으로 발음되는 끝소리 받침: 'ㄲ' 'ㅋ'

------------------------------ 〈예시〉 ------------------------------
밖 → [박]　　부엌 → [부억]

〈퀴즈〉 'ㄱ'으로 소리 나는 끝소리받침이 있는 음절을 모두 골라 봅시다. (①, ②)

　　① 키읔　　　　② 닭　　　　③ 만　　　　④ 높

(2) 'ㅂ'으로 발음되는 끝소리 받침: 'ㅍ'

------------------------------ 〈예시〉 ------------------------------
앞 → [압]

〈퀴즈〉 'ㅂ'으로 소리 나는 끝소리받침이 있는 음절을 모두 골라 봅시다. (①, ③)

　　① 늪　　　　② 넉　　　　③ 높　　　　④ 낙

[2] 음절의 끝소리가 'ㄱ'으로 발음되는 음절들을 찾아서 색칠하여 봅시다.

밖	부엌	키읔
난	업	독
잎	솔	막

2. 사다리를 타고 만나는 주제를 재미있게 읽어 보아요.

학생이 사다리를 완성할 수 있도록 지도해 주세요.
– 학생이 스스로 주제를 선택할 수 있도록 지도해 주세요. (예: 노래가사, 광고, 기사, 등)
– 흥미를 가지고 읽을 수 있도록 지도해 주세요.

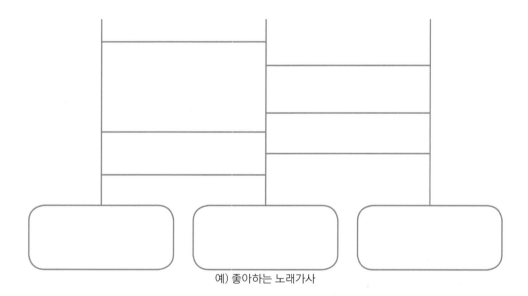

예) 좋아하는 노래가사

3. 잰말놀이를 재미있게 읽어 봅시다.

– 교사가 학생에게 시범읽기를 할 때 학생은 손가락으로 글자를 가리키면서 눈으로 읽도록 지도해 주세요.
– 학생은 손가락으로 글자를 가리키면서 교사와 함께 읽도록 지도해 주세요.
– 학생 스스로 손가락으로 글자를 가리키면서 천천히 읽도록 지도해 주세요.
– 학생 스스로 읽기에 흥미를 가지면서 재미있게 읽도록 지도해 주세요. (예: 시간, 억양)

옆집 팥빙수는 붉은 팥 맛 팥빙수고, 뒷집 콩국수는 검은콩 맛 콩국수
앞 집 누룽지는 눅눅한 누룽지, 밋밋한 누룽지 우리 집 누룽지는
빠작빠작 구워서 바삭바삭 씹히는 딱딱하지 않은 맛 좋은 누룽지
우리 집 똥강아지도 좋아하는 달달한 누룽지 너도 먹고 나도 먹고 냠냠

동시를 읽어 보아요

'바다' 동시 글을 읽어 보아요

📖 **학습 목표** '바다' 동시를 정확하게 읽어 봅시다.

> ※ 이렇게 지도해 주세요.
>
> – 잘못 읽은 단어가 있는지 확인해 주세요.
> – 빠뜨린 글자가 있는지 확인해 주세요.
> – 추가된 글자가 있는지 확인해 주세요.
> – 정확하고 빠르게 읽도록 지도해 주세요.
> – 읽은 시간은 기록하도록 지도해 주세요.
> – 학생 스스로 녹음하여 들을 수 있도록 지도해 주세요.

1. 네모상자 안의 내용을 읽어 봅시다.

> ※ 읽는 방법
>
> – 손가락으로 글자를 가리키면서 눈으로 읽어 봅니다.
> – 손가락으로 글자를 가리키면서 소리 내어 읽어 봅니다.
> – 손가락을 사용하지 않고 소리 내어 읽어 봅니다.
> – 충분히 연습한 후 읽은 내용을 녹음을 해 봅니다.
> – 자신 있게 읽으며 시간을 기록해 봅니다.

(1) 전체 지문의 한 문단을 읽어 봅시다.

> 간밤의 찌꺼기
> 다 삼켜 버린
>
> 참
> 맑아진 모음.
>
> ---
>
> ◇ 어떻게 읽을까요?
> • 맑아진 [말가진]

(2) 녹음 파일을 들으면서 지문을 눈으로 읽고 확인해 봅시다.

	횟수	내용
시간을 기록해 보세요.	초	
잘못 읽은 글자가 있었나요?		
탈락한 글자가 있었나요?		
첨가한 글자가 있었나요?		

- 잘못 읽은 글자를 지문에 학생 스스로 ○표 하도록 지도해 주세요.
- 잘못 읽은 글자를 주의하여 글상자 안의 내용을 다시 한 번 읽을 수 있도록 지도해 주세요.
- 빠뜨리거나 추가된 글자가 있는지를 확인할 수 있도록 하고 지도해 주세요.

2. '바다' 동시 글을 정확하게 읽어 봅시다.

바다

처얼썩
처얼썩
밤새도록
큰 목소리로 소리쳐 울더니

차알싹
차알싹
어느새
가느다란 목소리로 노래하네.

참
잔잔하고
눈부신 아침

간밤의 찌꺼기
다 삼켜버린

참
맑아진 마음.

* 출처: 권명희(1992). 아이들 곁에서. 서울: 아동문예사.

- -

◇ **어떻게 읽을까요?**
• 목소리 [목쏘리]
• 맑아진 [말가진]

3. '바다' 동시 글을 읽고 문제를 풀어 봅시다.

① 괄호 안에 알맞은 말을 적어 보세요.

- 처얼썩 (처얼썩) 밤새도록 큰 목소리로 소리쳐 울더니
- 차알싹 (차알싹) 어느새 가느다란 목소리로 노래하네
- 간밤의 (찌꺼기) 다 삼켜버린

4. 글에 대하여 기억나는 것이나 느낌을 이야기해 봅시다.

'비 오는 날이면' 동시 글을 읽어 보아요

📖 **학습 목표** '비 오는 날이면' 동시 글을 정확하게 읽어 봅시다.

> ※ 이렇게 지도해 주세요.

– 잘못 읽은 단어가 있는지 확인해 주세요.
– 빠뜨린 글자가 있는지 확인해 주세요.
– 추가된 글자가 있는지 확인해 주세요.
– 정확하고 빠르게 읽도록 지도해 주세요.
– 읽은 시간은 기록하도록 지도해 주세요.
– 학생 스스로 녹음하여 들을 수 있도록 지도해 주세요.

1. 네모상자 안의 내용을 읽어 봅시다.

> ※ 읽는 방법

– 손가락으로 글자를 가리키면서 눈으로 읽어 봅니다.
– 손가락으로 글자를 가리키면서 소리 내어 읽어 봅니다.
– 손가락을 사용하지 않고 소리 내어 읽어 봅니다.
– 충분히 연습한 후 읽은 내용을 녹음을 해 봅니다.
– 자신 있게 읽으며 시간을 기록해 봅니다.

(1) 전체 지문의 한 문단을 읽어 봅시다.

> 물기 젖은 나뭇잎
> 긴 머리카락 흔들며
> 골목 쓸며 물장구치는
> 예닐곱 살 개구쟁이 바람이 되고 싶다.
> -
> ◆ **어떻게 읽을까요?**
> • 젖은 [저즌]
> • 나뭇잎 [나문닙]

(2) 녹음 파일을 들으면서 지문을 눈으로 읽고 확인해 봅시다.

	횟수	내용
시간을 기록해 보세요.	초	
잘못 읽은 글자가 있었나요?		
탈락한 글자가 있었나요?		
첨가한 글자가 있었나요?		

- 잘못 읽은 글자를 지문에 학생 스스로 ○표 하도록 지도해 주세요.
- 잘못 읽은 글자를 주의하여 글상자 안의 내용을 다시 한 번 읽을 수 있도록 지도해 주세요.
- 빠뜨리거나 추가된 글자가 있는지를 확인할 수 있도록 하고 지도해 주세요.

2. '비 오는 날이면' 동시 글을 정확하게 읽어 봅시다.

비 오는 날이면

비 오는 날이면
수정 물방울이 되어

앉은뱅이 풀잎 위에
꽃 이파리에
앉아
맑고 고운 꽃빛깔로 스며들고 싶다.

비 오는 날 이면
펄럭이는 바람이 되어

물기 젖은 나뭇잎
긴 머리카락 흔들며
골목 쓸며 물장구치는
예닐곱 살 개구쟁이 바람이 되고 싶다.

* 출처: 권명희(1992). 아이들 곁에서. 서울: 아동문예사.

- -

◇ **어떻게 읽을까요?**
- 젖은 [저즌]
- 나뭇잎 [나문닙]
- 맑고 [말꼬]
- 앉은뱅이 [안즌뱅이]

---

3. '비 오는 날이면' 동시 글을 읽고 문제를 풀어 봅시다.

① 괄호 안에 알맞은 말을 적어 보세요.

- 맑고 고운 (꽃빛깔로) 스며들고 싶다.
- 물기 젖은 나뭇잎 긴 (머리카락) 흔들며
- 예닐곱 살 (개구쟁이) 바람이 되고 싶다.

4. 글에 대하여 기억나는 것이나 느낌을 이야기해 봅시다.

'꽃밭' 동시 글을 읽어 보아요

📖 **학습 목표** '꽃밭' 동시 글을 정확하게 읽어 봅시다.

※ 이렇게 지도해 주세요.

– 잘못 읽은 단어가 있는지 확인해 주세요.
– 빠뜨린 글자가 있는지 확인해 주세요.
– 추가된 글자가 있는지 확인해 주세요.
– 정확하고 빠르게 읽도록 지도해 주세요.
– 읽은 시간은 기록하도록 지도해 주세요.
– 학생 스스로 녹음하여 들을 수 있도록 지도해 주세요.

1. 네모상자 안의 내용을 읽어 봅시다.

※ 읽는 방법

– 손가락으로 글자를 가리키면서 눈으로 읽어 봅니다.
– 손가락으로 글자를 가리키면서 소리 내어 읽어 봅니다.
– 손가락을 사용하지 않고 소리 내어 읽어 봅니다.
– 충분히 연습한 후 읽은 내용을 녹음을 해 봅니다.
– 자신 있게 읽으며 시간을 기록해 봅니다.

(1) 전체 지문의 한 문단을 읽어 봅시다.

> 아침이면
> 꽃들은 이름표를 달고
> 뜨락이 비좁도록
> 웃음을 쏟는다.
>
> --
>
> ◇ **어떻게 읽을까요?**
> • 꽃들은 [꼳뜨른]
> • 웃음을 [우스믈]

(2) 녹음 파일을 들으면서 지문을 눈으로 읽고 확인해 봅시다.

	횟수	내용
시간을 기록해 보세요.	초	
잘못 읽은 글자가 있었나요?		
탈락한 글자가 있었나요?		
첨가한 글자가 있었나요?		

- 잘못 읽은 글자를 지문에 학생 스스로 ○표 하도록 지도해 주세요.
- 잘못 읽은 글자를 주의하여 글상자 안의 내용을 다시 한 번 읽을 수 있도록 지도해 주세요.
- 빠뜨리거나 추가된 글자가 있는지를 확인할 수 있도록 하고 지도해 주세요.

2. '꽃밭' 동시 글을 정확하게 읽어 봅시다.

꽃밭

아침이면
꽃들은 이름표를 달고
뜨락이 비좁도록
웃음을 쏟는다.

물기 젖은 빛알갱이
한입 가득 머금고
깨어질 듯
말간 하늘을 비질한다.

날개 달린 햇살도
뜨락 가득 내려와
꽃들의 이마를
반짝반짝 빛낸다.

파랗게 부푼
오월 하늘 가로
꽃물 들인 아침이
수천 빛살로
부서져 내린다.

* 출처: 권명희(1992). 아이들 곁에서. 서울: 아동문예사.

◇ 어떻게 읽을까요?
- 꽃들은 [꼳뜨른]
- 웃음을 [우스믈]
- 빛살로 [빋쌀로]

3. '꽃밭' 동시 글을 읽고 문제를 풀어 봅시다.

① 괄호 안에 알맞은 말을 적어 보세요.

- 뜨락이 (비좁도록) 웃음을 쏟는다.
- 날개 달린 햇살도 (뜨락) 가득 내려와
- 수천 (빛살로) 부서져 내린다.

4. 글에 대하여 기억나는 것이나 느낌을 이야기해 봅시다.

한 걸음 더 나아가기 2: 끝소리 규칙 2

1. 음절의 끝소리 규칙 2

[1] 음절의 끝소리 규칙에 대해서 알아봅시다.

> ※ 이렇게 지도해 주세요.

- 음절이란?
  - 모음과 자음들이 만나 소리를 가진 글자 한 자 한 자를 뜻합니다. (예: '책상'은 '책' '상' 2개의 음절을 가짐)
- 음절의 끝소리 규칙이란?
  - 받침이 있는 음절은 항상 'ㄱ', 'ㄴ', 'ㄷ', 'ㄹ', 'ㅁ', 'ㅂ', 'ㅇ' 7개의 소리로 발음 됩니다.
- 이번 시간에 배우는 'ㄷ' 소리가 나는 받침들에 대해 친해질 수 있도록 지도해 주세요.
- 자음 그대로 소리 나는 받침들에 대해 알려주세요.

(1) [ㄷ]으로 발음되는 끝소리 받침: 'ㅅ' 'ㅆ' 'ㅈ' 'ㅊ' 'ㅌ' 'ㅎ'

> ┄┄┄┄┄┄┄┄ 〈예시〉 ┄┄┄┄┄┄┄┄
> 맛 → [맏]
> 았 → [앋]
> 낫 → [낟]
> 낫 → [낟]
> 낯 → [낟]
> 끝 → [끝]
> 히읗 → [히읃]

〈퀴즈〉 'ㄷ'으로 소리 나는 끝소리받침이 있는 음절을 모두 골라 봅시다. (②, ③)

　　① 앞　　　　　　② 갔　　　　　　③ 옻　　　　　　④ 막

(2) 'ㄱ' 'ㄴ' 'ㅂ' 'ㄹ' 'ㅁ' 'ㄷ' 각각 자신의 자음 소리 그대로 납니다.

[2] 음절의 끝소리가 [ㄷ]으로 발음되는 음절들을 찾아서 색칠하여 봅시다.

돛	있	샅
맛	날	명
낮	옷	꽃

2. 사다리를 타고 만나는 주제를 재미있게 읽어 보아요.

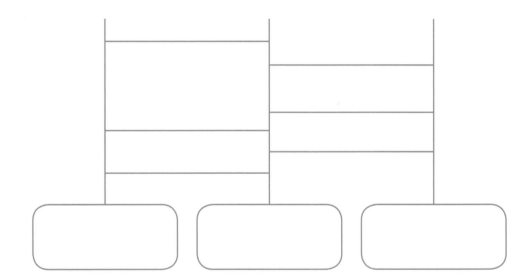

3. 잰말놀이를 재미있게 읽어 봅시다.

- 교사가 학생에게 시범읽기를 할 때 학생은 손가락으로 글자를 가리키면서 눈으로 읽도록 지도해 주세요.
- 학생은 손가락으로 글자를 가리키면서 교사와 함께 읽도록 지도해 주세요.
- 학생 스스로 손가락으로 글자를 가리키면서 천천히 읽도록 지도해 주세요.
- 학생 스스로 읽기에 흥미를 가지면서 재미있게 읽도록 지도해 주세요. (예: 시간, 억양)

똑똑이네 꿀꿀이는 퀴퀴한 냄새가 나고, 꿀꿀이네 똑똑이는 컹컹소리를 낸다. 똑똑이네 꿀꿀이는 똥강아지의 똥냄새가 나고, 꿀꿀이네 똑똑이는 콜록콜록 기침을 한다. 똑딱똑딱 시간이 흘러 똑똑이네 꿀꿀이는 쿵짝쿵짝 꿀꿀이네 똑똑이는 콩닥콩닥 콩깍지가 씌었네.

짧은 글을 읽어 보아요

'동물원' 짧은 글을 읽어 보아요

📖 **학습 목표** '동물원' 짧은 글을 정확하게 읽어 봅시다.

> ※ 이렇게 지도해 주세요.

– 잘못 읽은 단어가 있는지 확인해 주세요.
– 빠뜨린 글자가 있는지 확인해 주세요.
– 추가된 글자가 있는지 확인해 주세요.
– 정확하고 빠르게 읽도록 지도해 주세요.
– 읽은 시간은 기록하도록 지도해 주세요.
– 학생 스스로 녹음하여 들을 수 있도록 지도해 주세요.

1. 네모상자 안의 내용을 읽어 봅시다.

> ※ 읽는 방법

– 손가락으로 글자를 가리키면서 눈으로 읽어 봅니다.
– 손가락으로 글자를 가리키면서 소리 내어 읽어 봅니다.
– 손가락을 사용하지 않고 소리 내어 읽어 봅니다.
– 충분히 연습한 후 읽은 내용을 녹음을 해 봅니다.
– 자신 있게 읽으며 시간을 기록해 봅니다.

(1) 전체 지문의 한 문단을 읽어 봅시다.

> 　아버지는 동생과 함께 먹으라고 솜사탕을 사 주셨습니다. 날씨 좋은 날 가족과 함께 공원에 오는 것이 좋습니다. 거기에 자주 가고 싶습니다.
>
> ---
> ◆ **어떻게 읽을까요?**
> • 먹으라고 [머그라고]
> • 좋은 날 [조은 날]

(2) 녹음 파일을 들으면서 지문을 눈으로 읽고 확인해 봅시다.

	횟수	내용
시간을 기록해 보세요.	초	
잘못 읽은 글자가 있었나요?		
탈락한 글자가 있었나요?		
첨가한 글자가 있었나요?		

- 잘못 읽은 글자를 지문에 학생 스스로 ○표 하도록 지도해 주세요.
- 잘못 읽은 글자를 주의하여 글상자 안의 내용을 다시 한 번 읽을 수 있도록 지도해 주세요.
- 빠뜨리거나 추가된 글자가 있는지를 확인할 수 있도록 하고 지도해 주세요.

2. '동물원' 짧은 글을 정확하게 읽어 봅시다.

동물원

주말에 어머니, 아버지, 동생과 함께 집에서 가까운 동물원에 갔습니다. 동물원에는 다양한 동물들뿐만 아니라 많은 사람이 있었습니다. 모두 즐거운 표정이었습니다. 나무 위에서 짹짹거리면서 흥겹게 지저귀는 귀여운 새들도 보았습니다. 소리가 참 아름답게 들렸습니다. 느릿느릿 걷는 곰과 어흥거리면서 큰 소리를 내는 호랑이도 보았습니다. 까불까불거리는 원숭이는 바나나를 먹고 있었습니다. 음매음매 우는 소에게는 먹이를 주었고 깡충깡충 뛰어다니는 토끼는 당근을 먹고 있었습니다. 동물들이 먹이를 먹는 것을 보니 동생과 나도 배가 고팠습니다. 아버지는 동생과 함께 먹으라고 솜사탕을 사 주셨습니다. 날씨 좋은 날 가족과 함께 동물원에 오는 것이 좋습니다. 거기에 자주 가고 싶습니다.

- -

◇ 어떻게 읽을까요?
- 많은 [마는]
- 울음소리 [우름쏘리]
- 먹으라고 [머그라고]
- 좋은 날 [조은 날]

3. '동물원' 짧은 글을 읽고 문제를 풀어 봅시다.

　① 괄호 안에 알맞은 말을 적어 보세요.

　• 동물원에는 (다양한) 동물들뿐만 아니라 많은 사람들이 있었습니다.

　• 아버지는 동생과 함께 먹으라고 (솜사탕)을 사 주셨습니다.

　• 날씨 좋은 날 가족과 함께 (공원)에 오는 것이 좋습니다.

4. 글에 대하여 기억나는 것이나 느낌을 이야기해 봅시다.

'다람쥐 쫑쫑이' 짧은 글을 읽어 보아요

📖 **학습 목표** '다람쥐 쫑쫑이' 짧은 글을 정확하게 읽어 봅시다.

※ 이렇게 지도해 주세요.

– 잘못 읽은 단어가 있는지 확인해 주세요.
– 빠뜨린 글자가 있는지 확인해 주세요.
– 추가된 글자가 있는지 확인해 주세요.
– 정확하고 빠르게 읽도록 지도해 주세요.
– 읽은 시간은 기록하도록 지도해 주세요.
– 학생 스스로 녹음하여 들을 수 있도록 지도해 주세요.

1. 네모상자 안의 내용을 읽어 봅시다.

※ 읽는 방법

– 손가락으로 글자를 가리키면서 눈으로 읽어 봅니다.
– 손가락으로 글자를 가리키면서 소리 내어 읽어 봅니다.
– 손가락을 사용하지 않고 소리 내어 읽어 봅니다.
– 충분히 연습한 후 읽은 내용을 녹음을 해 봅니다.
– 자신 있게 읽으며 시간을 기록해 봅니다.

(1) 전체 지문의 한 문단을 읽어 봅시다.

> 겨울이라 시냇물은 꽁꽁 얼었습니다. 개울을 지나기 위해서는 외나무다리를 건너야 합니다. 어린 쫑쫑이에게 외나무다리는 매우 건너기 힘든 다리였습니다.
>
> --------
>
> ◆ 어떻게 읽을까요?
> • 시냇물은 [시낸무른]

(2) 녹음 파일을 들으면서 지문을 눈으로 읽고 확인해 봅시다.

	횟수	내용
시간을 기록해 보세요.	초	
잘못 읽은 글자가 있었나요?		
탈락한 글자가 있었나요?		
첨가한 글자가 있었나요?		

– 잘못 읽은 글자를 지문에 학생 스스로 ○표 하도록 지도해 주세요.
– 잘못 읽은 글자를 주의하여 글상자 안의 내용을 다시 한 번 읽을 수 있도록 지도해 주세요.
– 빠뜨리거나 추가된 글자가 있는지를 확인할 수 있도록 하고 지도해 주세요.

2. '다람쥐 쫑쫑이' 짧은 글을 정확하게 읽어 봅시다.

다람쥐 쫑쫑이

　쫑쫑이는 작고 귀여운 다람쥐입니다. 어느 날 쫑쫑이는 엄마 심부름으로 건넛마을에 사는 뽕뽕이 삼촌에게 엄마가 만든 반찬을 전해 주러 가게 되었습니다. 쫑쫑이가 뽕뽕이 삼촌에게 가기 위해서는 산들산들 들판을 지나고 졸졸 시냇물이 흐르는 개울을 지나야 합니다. 겨울이라 시냇물은 꽁꽁 얼었습니다. 개울을 지나기 위해서는 외나무다리를 건너야 합니다. 어린 쫑쫑이에게 외나무다리는 매우 건너기 힘든 다리였습니다. 쫑쫑이가 다리를 반쯤 건넜을 때 옆집 깔깔이가 반대편에서 다리를 건너오고 있었습니다. 옆집 깔깔이는 어린 쫑쫑이가 다리를 건너기 힘들어하는 것을 보았습니다. 그래서 깔깔이는 쫑쫑이가 외나무다리를 잘 건널 수 있도록 도와주었습니다. 깔깔이가 도와주어서 쫑쫑이는 다리를 무사히 건넜습니다.

- -

◆ **어떻게 읽을까요?**
• 시냇물은 [시낸무른]
• 건넛마을 [건넌마을]

3. '다람쥐 쫑쫑이' 짧은 글을 읽고 문제를 풀어 봅시다.

① 괄호 안에 알맞은 말을 적어 보세요.

- 겨울이라 시냇물은 (꽁꽁) 얼었습니다.
- 삼촌에게 엄마가 만든 (반찬)을 전해 주러 가고 있었습니다.
- 어린 쫑쫑이에게 (외나무다리)는 매우 건너기 힘든 다리였습니다.

4. 글에 대하여 기억나는 것이나 느낌을 이야기해 봅시다.

'친구 지영이에게' 짧은 글을 읽어 보아요

📖 **학습 목표** '친구 지영이에게' 짧은 글을 정확하게 읽어 봅시다.

※ 이렇게 지도해 주세요.

- 잘못 읽은 단어가 있는지 확인해 주세요.
- 빠뜨린 글자가 있는지 확인해 주세요.
- 추가된 글자가 있는지 확인해 주세요.
- 정확하고 빠르게 읽도록 지도해 주세요.
- 읽은 시간은 기록하도록 지도해 주세요.
- 학생 스스로 녹음하여 들을 수 있도록 지도해 주세요.

1. 네모상자 안의 내용을 읽어 봅시다.

※ 읽는 방법

- 손가락으로 글자를 가리키면서 눈으로 읽어 봅니다.
- 손가락으로 글자를 가리키면서 소리 내어 읽어 봅니다.
- 손가락을 사용하지 않고 소리 내어 읽어 봅니다.
- 충분히 연습한 후 읽은 내용을 녹음을 해 봅니다.
- 자신 있게 읽으며 시간을 기록해 봅니다.

(1) 전체 지문의 한 문단을 읽어 봅시다.

> 네가 떠나면서 내 손에 쥐어준 편지를 나는 아직 소중하게 간직하고 있어. 나의 보물 1호야. 우리 언제 다시 만날 수 있을까? 함께 떡볶이 먹고 노래 부르며 같이 놀고 싶어.
>
> ---
>
> ◈ **어떻게 읽을까요?**
> • 떡볶이 [떡뽀끼]

(2) 녹음 파일을 들으면서 지문을 눈으로 읽고 확인해 봅시다.

	횟수	내용
시간을 기록해 보세요.	초	
잘못 읽은 글자가 있었나요?		
탈락한 글자가 있었나요?		
첨가한 글자가 있었나요?		

– 잘못 읽은 글자를 지문에 학생 스스로 ○표 하도록 지도해 주세요.
– 잘못 읽은 글자를 주의하여 글상자 안의 내용을 다시 한 번 읽을 수 있도록 지도해 주세요.
– 빠뜨리거나 추가된 글자가 있는지를 확인할 수 있도록 하고 지도해 주세요.

2. '친구 지영이에게' 짧은 글을 정확하게 읽어 봅시다.

친구 지영이에게

추웠던 겨울이 지나고 따뜻한 새봄이 왔네.

그동안 잘 있었니

네가 전학 간 뒤 매일 네 얼굴이 보고 싶었어. 너와 함께 다니던 골목길을 걸을 때면 웃으면서 얘기하던 네 목소리가 들리는 것 같았어. 우리가 헤어진 지가 벌써 1년이 되어 가지만 아직도 나는 너와 함께 뛰어 놀던 그때가 그리워. 이제 새 학년이 되어서 새 친구도 많이 생겼지만 내 마음속에는 늘 네가 자리하고 있어. 지영아, 생각나니? 선생님 몰래 과자 먹다가 들켜서 과자를 입에 물고 벌을 섰던 일이며, 피구하다가 얼굴에 공을 맞아 엉엉 울던 일들, 공부하다가 창밖에 내리는 흰눈을 보고 함성을 지르며 강아지처럼 운동장을 뛰어다니던 날들 모두가 이제는 아름다운 추억이 되었네.

네가 떠나면서 내 손에 쥐어 준 편지를 나는 아직 소중하게 간직하고 있어. 나의 보물 1호야. 우리 언제 다시 만날 수 있을까? 함께 떡볶이 먹고 노래 부르며 놀고 싶어.

오늘 이렇게 편지를 쓰면서 너를 그리워하는 내 마음 아직 변함없어. 그럼 다시 만날 날을 기대하며, 또 편지할게. 안녕!

3월 12일에 너의 친구 정인이가

- -

◆ **어떻게 읽을까요?**
- 따뜻한 [따뜨탄]
- 떡볶이 [떡뽀끼]

3. '친구 지영이에게' 짧은 글을 읽고 문제를 풀어 봅시다.

① 괄호 안에 알맞은 말을 적어 보세요.

- 선생님 몰래 과자 먹다가 들켜서 (과자)를 입에 물고 벌을 섰던 일이며
- 흰 눈을 보고 함성을 지르며 (강아지)처럼 운동장을 뛰어 다니던 날들이
- 오늘 이렇게 편지를 쓰면서 너를 (그리워하는) 내 마음 아직 변함없어

4. 글에 대하여 기억나는 것이나 느낌을 이야기해 봅시다.

한 걸음 더 나아가기 3: 자음동화 1

1. 자음동화 1 (비음화)

[1] 자음동화에 대해서 알아봅시다.

※ 이렇게 지도해 주세요.	

- 자음동화에 대해 설명해 주세요.
  - 두 자음이 서로 영향을 주고받아 비슷하거나 같은 소리로 바뀌는 현상
- 어떤 자음이 함께 쓰일 때 발음을 쉽게 하기 위해서 서로 닮은 소리로 나는 것
- 비음화에 대해 설명해 주세요.
  - 파열음이 뒤에 오는 비음에 동화되어 비음으로 바뀌는 현상
- 유음화에 대해 설명해 주세요.
- 'ㄴ'이 유음 'ㄹ'의 영향으로 유음 'ㄹ'로 바뀌는 현상
- 이번 시간에는 비음화를 다루겠습니다.

(1) 그 중 비음화는 파열음이 뒤에 오는 비음의 영향을 받아서 비음으로 바뀌는 현상을 말합니다.
- 파열음 : 허파에서 나오는 공기를 일단 막았다가 그 막은 자리를 터뜨리면서 내는 소리, 'ㅂ', 'ㅃ', 'ㅍ', 'ㄷ', 'ㄸ', 'ㅌ', 'ㄱ', 'ㄲ', 'ㅋ'
- 비음 : 코로 공기를 내보내면서 내는 소리, 'ㅁ', 'ㅇ', 'ㄴ'

```
------------------------〈예시〉------------------------
                    밥물 → [ 밤물 ]
                    섭리 → [ 섭니 ]
```

〈퀴즈〉 ① 앞문 → [암문]
　　　　② 닫는 → [단든]

(2) 자음동화 중 비음화에 해당하는 단어를 말해 봅시다.

[2] 자음동화 문장을 읽어 봅시다.

(1) 아래의 글을 읽고 자음동화로 발음되는 단어에 ○표 해 보세요.

> 우리 집 앞문을 열고 나가면 바로 보이는 지원이네 집에는 하루 종일 나무 깎는 소리가 난다. 지원이네 할머니는 나무로 만든 솥에 밥물을 올리고 나무도 밥도 물도 모두 자연에서 온 것이니 이것을 먹고 사는 사람도 다시 자연으로 돌아가는 것이 자연의 섭리가 아니겠냐며 껄껄 웃으신다.

(2) 자음동화로 발음되는 단어를 정확하게 읽었는지 아래의 글을 읽으면서 확인해 보세요.

> 우리 집 [암문]을 열고 나가면 바로 보이는 지원이네 집에는 하루 종일 나무 [깡는] 소리가 난다. 지원이네 할머니는 나무로 만든 솥에 [밤물]을 올리고 나무도 밥도 물도 모두 자연에서 온 것이니 이것을 먹고 사는 사람도 다시 자연으로 돌아가는 것이 자연의 [섬니]가 아니겠냐며 껄껄 웃으신다.

2. 사다리를 타고 만나는 주제를 재미있게 읽어 보아요.

학생이 사다리를 완성할 수 있도록 지도해 주세요.
– 학생이 스스로 주제를 선택할 수 있도록 지도해 주세요. (예: 노래가사, 광고, 기사, 등)
– 흥미를 가지고 읽을 수 있도록 지도해 주세요.

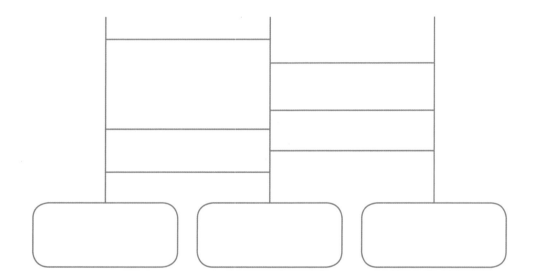

3. 잰말놀이를 재미있게 읽어 봅시다.

※ 이렇게 지도해 주세요.

– 교사가 학생에게 시범읽기를 할 때 학생은 손가락으로 글자를 가리키면서 눈으로 읽도록 지도해 주세요.
– 학생은 손가락으로 글자를 가리키면서 교사와 함께 읽도록 지도해 주세요.
– 학생 스스로 손가락으로 글자를 가리키면서 천천히 읽도록 지도해 주세요.
– 학생 스스로 읽기에 흥미를 가지면서 재미있게 읽도록 지도해 주세요. (예: 시간, 억양)

풍풍이네 집에서 선선한 날씨에 틀어놓은 선풍기는 팡팡풍풍 돌아가는데 퐁퐁이네 집에서 선선한 날씨에 틀어놓은 선풍기는 펑펑퐁퐁 돌아가는구나. 풍풍이도 퐁퐁이 도 선풍기 앞에서 팡팡풍풍 펑펑퐁퐁 선선한 선풍기 바람을 쐰다.

단계

02

감상글을 읽어 보아요

'나라를 구한 해군대장' 감상글을 읽어 보아요

📖 **학습 목표** '나라를 구한 해군대장' 감상글을 정확하게 읽어 봅시다.

※ 이렇게 지도해 주세요.

– 잘못 읽은 단어가 있는지 확인해 주세요.
– 빠뜨린 글자가 있는지 확인해 주세요.
– 추가된 글자가 있는지 확인해 주세요.
– 정확하고 빠르게 읽도록 지도해 주세요.
– 읽은 시간은 기록하도록 지도해 주세요.
– 학생 스스로 녹음하여 들을 수 있도록 지도해 주세요.

1. 네모상자 안의 내용을 읽어 봅시다.

※ 읽는 방법

– 손가락으로 글자를 가리키면서 눈으로 읽어 봅니다.
– 손가락으로 글자를 가리키면서 소리 내어 읽어 봅니다.
– 손가락을 사용하지 않고 소리 내어 읽어 봅니다.
– 충분히 연습한 후 읽은 내용을 녹음을 해 봅니다.
– 자신 있게 읽으며 시간을 기록해 봅니다.

(1) 전체 지문의 한 문단을 읽어 봅시다.

> 장군의 공로를 인정해 주지 않고 충신을 역적으로 몰아 자기 욕심을 채우는 신하들이 미웠다. 선조 임금님도 간신들의 말을 듣고 이순신 장군을 싫어하는 것을 보고 참 어리석다고 생각했다. 여러 번 왜선이 쳐들어왔지만 그 때마다 전승하자, 일본은 '이순신' 이름만 들어도 두려움에 떨었다고 한다.
>
> ◇ **어떻게 읽을까요?**
> • 역적 [역쩍]
> • 욕심 [욕씸]
> • 싫어하는 [시러하는]

(2) 녹음 파일을 들으면서 지문을 눈으로 읽고 확인해 봅시다.

	횟수	내용
시간을 기록해 보세요.	초	
잘못 읽은 글자가 있었나요?		
탈락한 글자가 있었나요?		
첨가한 글자가 있었나요?		

- 잘못 읽은 글자를 지문에 학생 스스로 ○표 하도록 지도해 주세요.
- 잘못 읽은 글자를 주의하여 글상자 안의 내용을 다시 한 번 읽을 수 있도록 지도해 주세요.
- 빠뜨리거나 추가된 글자가 있는지를 확인할 수 있도록 하고 지도해 주세요.

2. '나라를 구한 해군대장' 감상글을 정확하게 읽어 봅시다.

나라를 구한 해군대장
- 『이순신 장군』을 읽고 -

　　우리 학교 운동장에는 이순신 장군 동상이 있다. 나는 그 동상 앞을 매일 지나가지만 늘 아무 생각 없이 지나쳤다. 어느 날 선생님께서 존경하는 위인의 전기문을 읽고 독서 감상문을 써 오라고 하셨다. 나는 수많은 위인전 중 문득 『이순신 장군』이 떠올랐다. 예전에 읽은 적이 있었지만 다시 읽어 봐도 통쾌하고 신나는 책이었다. 이순신 장군은 엄격한 부모님의 가르침을 받아 글공부와 무술을 익혀 당당하게 무과에 급제하여 바다를 지키는 장군이 되었다. 앞날을 내다볼 수 있는 지혜가 있어 전쟁을 대비하여 군사를 훈련시키고 배를 만들어 전쟁에 대비했다. 우리나라를 지키기 위해서는 바다를 먼저 지켜야 하는 중요성을 깨닫고 군사들을 훈련시키고 무기를 준비했다. 그 결과 일본의 공격에도 끄떡하지 않고 거북선을 몰고 나가서 왜적선을 무찔렀다. 이 대목에서는 나도 모르게 통쾌한 기분이 들어 박수를 쳤다. 그런데 주위의 모함으로 감옥에 들어갈 때는 너무 억울했다. 장군의 공로를 인정해 주지 않고 충신을 역적으로 몰아 자기 욕심을 채우는 신하들이 미웠다. 선조 임금님도 간신들의 말을 듣고 이순신 장군을 싫어하는 것을 보고 참 어리석다고 생각했다. 나라가 점점 위태로워지자 장군을 감옥에서 꺼내어 '삼도수군통제사'로 임명했다. 그때 이미 수백 척의 배는 다 파손되었는데, 겨우 남은 13척의 배로 일본의 배 133척을 격파하는 대승을 거둘 때는 함성이 터져 나왔다. '어떻게 이것이 가능할까' 하는 생각이 들기도 했다. 여러 번 왜선이 쳐들어 왔지만 그때마다 전승하자 일본은 '이순신' 이름만 들어도 두려움에 떨었다고 한다. 결국 '노량해전'에서 적의 총탄에 맞아 숨지는 순간에도 "나의 죽음을 적에게 알리지 말라."면서 부하들의 사기가 떨어지지 않도록 마지막 순간까지 싸웠다. 결국 200여 척의 왜선이 파괴되고 50여척만 남자 왜군이 도망감으로써 임진왜란은 종결되었다. 나는 일생을 오로지 나라만을 위해 몸 바친 이순신 장군의 충성심을 존경한다. 만약 임진왜란 때 이순신 장군이 없었다면 우리나라는 어떻게 되었을까? 나는 비록 전쟁에 나가 싸우지 못하더라도 내 자리에서 열심히 공부하며 나라를 사랑하는 것이 애국이라 생각하고 최선을 다해 노력해야겠다고 다짐했다.

◇ 어떻게 읽을까요?

- 익혀 [이켜]
- 만약 [마냑]
- 열심히 [열씸히]
- 못하더라도 [모타더라도]

3. '나라를 구한 해군대장' 글을 읽고 문제를 풀어 봅시다.

　① 괄호 안에 알맞은 말을 적어 보세요.
- 이순신 장군이 적의 총탄에 맞아 숨지는 순간에 부하들의 사기가 떨어지지 않도록 한 말은? (나의 죽음을 적에게 알리지 말라)
- 이순신 장군은 글공부를 하고 무술을 익혀 (무과)에 급제하여 장군이 되었다.
- 이순신 장군은 우리나라를 지키려면 (바다)를 먼저 지켜야한다고 생각하였다.

　② 문장을 읽고 맞으면 ○, 틀리면 ×표시를 하세요.
- 글쓴이는 책을 읽기 전에도 이순신 장군을 늘 생각해왔다. (×)
- 이순신 장군은 역적으로 몰렸다. (○)
- 선조 임금님은 이순신 장군을 늘 아끼고 칭찬하였다. (×)

4. 글에 대하여 기억나는 것이나 느낌을 이야기해 봅시다.

'사랑의 기적' 감상글을 읽어 보아요

📖 **학습 목표** '사랑의 기적' 감상글을 정확하게 읽어 봅시다.

> ※ 이렇게 지도해 주세요.

- 잘못 읽은 단어가 있는지 확인해 주세요.
- 빠뜨린 글자가 있는지 확인해 주세요.
- 추가된 글자가 있는지 확인해 주세요.
- 정확하고 빠르게 읽도록 지도해 주세요.
- 읽은 시간은 기록하도록 지도해 주세요.
- 학생 스스로 녹음하여 들을 수 있도록 지도해 주세요.

1. 네모상자 안의 내용을 읽어 봅시다.

> ※ 읽는 방법

- 손가락으로 글자를 가리키면서 눈으로 읽어 봅니다.
- 손가락으로 글자를 가리키면서 소리 내어 읽어 봅니다.
- 손가락을 사용하지 않고 소리 내어 읽어 봅니다.
- 충분히 연습한 후 읽은 내용을 녹음을 해 봅니다.
- 자신 있게 읽으며 시간을 기록해 봅니다.

(1) 전체 지문의 한 문단을 읽어 봅시다.

> 나는 책 읽기를 좋아한다. 요즈음 나는 우리 동네 주민센터에 있는 '작은 도서관'에 가서 책을 빌려서 읽는다. 오늘은 빅토르 위고의 '장발장'을 읽었다.
>
> 이 이야기는 주인공인 장발장이 굶어 죽게 된 가족들에게 먹을 것을 주려고 빵을 훔치는 것으로 시작한다. 그는 그 후 감옥에 갔고 네 번이나 탈옥을 시도해서 19년간이나 감옥 생활을 하게 된다.
>
> ◇ **어떻게 읽을까요?**
> - 읽기 [일끼]   - 읽었다 [일걷따]
> - 굶어 [굴머]

(2) 녹음 파일을 들으면서 지문을 눈으로 읽고 확인해 봅시다.

	횟수	내용
시간을 기록해 보세요.	초	
잘못 읽은 글자가 있었나요?		
탈락한 글자가 있었나요?		
첨가한 글자가 있었나요?		

- 잘못 읽은 글자를 지문에 학생 스스로 ○표 하도록 지도해 주세요.
- 잘못 읽은 글자를 주의하여 글상자 안의 내용을 다시 한 번 읽을 수 있도록 지도해 주세요.
- 빠뜨리거나 추가된 글자가 있는지를 확인할 수 있도록 하고 지도해 주세요.

2. '사랑의 기적' 감상글을 정확하게 읽어 봅시다.

사랑의 기적
-『장발장』을 읽고 -

나는 책 읽기를 좋아한다. 어머니는 시내에 나가면 책을 자주 사 오신다. 요즈음 나는 우리 동네 주민센터에 있는 '작은도서관'에 가서 책을 대여해서 읽는다. 오늘은 빅토르 위고의『장발장』을 읽었다.

이『장발장』의 이야기는 주인공인 장발장이 굶어 죽게 된 가족에게 먹을 것을 주려고 빵을 훔치면서 시작한다. 그는 그것으로 인해 감옥에 가고, 이후 4번의 탈옥 시도로 19년간이나 감옥 생활을 하게 된다. 19년 후 장발장은 감옥에서 나왔지만 '전과자'라는 노란 카드를 지니게 되어 쉴 곳과 잠 잘 곳도 찾지 못하고, 식사를 할 수도 없었다. 배가 고파서 훔친 빵 하나가 한 사람의 인생을 망가뜨렸다. 모든 사람이 싸늘한 시선으로 외면했지만 그 마을의 주교인 미리엘 신부님은 장발장을 따뜻하게 맞이하여 집에서 머무를 수 있게 해 주었다. 그러나 장발장은 그런 신부님의 친절을 배신하여 은촛대를 훔쳤고, 결국 다시 잡히게 되었다. 그러나 신부님은 그 촛대를 장발장이 훔친 것이 아니고 자기가 준 것이라고 하며 장발장의 도둑질을 덮어 주었다. 덕분에 장발장은 감옥에 가지 않았다. 아무리 신부님이라고 하지만 은혜를 배신하는 사람에게 이렇게 사랑을 베풀 수 있을까? 나는 이해가 되지 않았다. 문득 '나 같으면 어떻게 했을까' 생각하니 새삼 신부님이 존경스

러워졌다. 나도 신부님처럼 남의 허물을 덮어 주는 사람이 되어야겠다고 생각했다. 장발장은 미리엘 신부님의 깊은 사랑에 감동을 받아 복수심을 버리고 자신의 죄를 뉘우치게 된다. 그 후로 장발장은 파리 북쪽 마을에서 '마들린'이라는 이름으로 구슬 공장을 차리고 돈을 벌어 어려운 사람을 돕는 등 많은 자선활동을 하며 살았다.

장발장은 죽을 때 자신의 잘못을 덮어 주어 올바른 삶을 살게 해 준 미리엘 주교의 사랑을 생각하며 "아! 빛이 보인다."라고 말하면서 평화롭게 눈을 감았다. 정말 감동적이고 슬픈 이야기였다.

한 신부님의 사랑이 여러 사람에게 퍼져 나가 세상을 조금씩 따뜻하게 만들었다. 우리도 각자 남에게 사랑을 베풀 수 있다면 이 이야기 속의 사회보다 더 따뜻한 세상을 만들 수 있을 것이라고 믿는다. 사랑은 사람들의 마음에서 마음으로 퍼져 나가는 동심원과 같은 것이니까……

◇ 어떻게 읽을까요?
- 감옥 [가목]
- 은촛대 [은초때/은촏때]
- 복수심 [복쑤심]
- 덮어 주고 [더퍼주고]

3. '사랑의 기적' 감상글을 읽고 문제를 풀어 봅시다.

① 괄호 안에 알맞은 말을 적어 보세요.
- 장발장은 (4)번 탈옥을 시도해서 (19)년간 감옥에 있었다.
- 장발장은 누가 쓴 책일까? (빅토르 위고)
- 장발장이 신부님의 집에서 훔친 것은 (은촛대)였다.

② 문장을 읽고 맞으면 ○, 틀리면 ×표시를 하세요.
- 장발장은 혼자서 다 먹으려고 빵을 훔쳤다. (×)
- 장발장은 마들린 신부님의 은혜를 배신하였다. (×)
- 장발장은 나중에 어려운 사람들을 돕고 자선활동을 하였다. (○)

4. 글에 대하여 기억나는 것이나 느낌을 이야기해 봅시다.

'이황 선생님께' 감상글을 읽어 보아요

📖 **학습 목표** '이황 선생님께' 감상글을 정확하게 읽어 봅시다.

※ 이렇게 지도해 주세요.

– 잘못 읽은 단어가 있는지 확인해 주세요.
– 빠뜨린 글자가 있는지 확인해 주세요.
– 추가된 글자가 있는지 확인해 주세요.
– 정확하고 빠르게 읽도록 지도해 주세요.
– 읽은 시간은 기록하도록 지도해 주세요.
– 학생 스스로 녹음하여 들을 수 있도록 지도해 주세요.

1. 네모상자 안의 내용을 읽어 봅시다.

※ 읽는 방법

– 손가락으로 글자를 가리키면서 눈으로 읽어 봅니다.
– 손가락으로 글자를 가리키면서 소리 내어 읽어 봅니다.
– 손가락을 사용하지 않고 소리 내어 읽어 봅니다.
– 충분히 연습한 후 읽은 내용을 녹음을 해 봅니다.
– 자신 있게 읽으며 시간을 기록해 봅니다.

(1) 전체 지문의 한 문단을 읽어 봅시다.

> 선생님께서 가난한 제자를 위하여 장작과 쌀을 가져다주시는 모습을 보고 코끝이 찡해졌어요. 저라면 꿈에서 본 모습은 꿈이라고 생각하고 별일 없이 넘어갈텐데....... 직접 제자의 집까지 찾아가서 사는 모습을 살펴보고, 장작과 쌀을 가져다주시는 모습이 정말 감동적이었어요. 저도 선생님의 따뜻한 마음씨를 본받아야겠다고 생각하였습니다.
>
> -
>
> ◇ **어떻게 읽을까요?**
> • 코끝이 [코끄치]
> • 별일 [별릴]
> • 따뜻한 [따뜨탄]

(2) 녹음 파일을 들으면서 지문을 눈으로 읽고 확인해 봅시다.

	횟수	내용
시간을 기록해 보세요.	초	
잘못 읽은 글자가 있었나요?		
탈락한 글자가 있었나요?		
첨가한 글자가 있었나요?		

– 잘못 읽은 글자를 지문에 학생 스스로 ○표 하도록 지도해 주세요.
– 잘못 읽은 글자를 주의하여 글상자 안의 내용을 다시 한 번 읽을 수 있도록 지도해 주세요.
– 빠뜨리거나 추가된 글자가 있는지를 확인할 수 있도록 하고 지도해 주세요.

2. '이황 선생님께' 감상글을 정확하게 읽어 봅시다.

> # 이황 선생님께
> ## -『이황』을 읽고 -
>
> 안녕하세요? 저는 해님초등학교 3학년 김지우입니다. 이황 선생님의 이야기를 읽고 이렇게 편지를 씁니다.
>
> 선생님은 정말 대단하세요. 어떻게 어린 나이에 오늘 배운 것은 오늘 다 익히자는 결심을 하고, 또 그것을 지키셨나요? 저는 복습을 해야겠다고 생각하고도 지키지 못할 때가 많아요. 선생님의 이야기를 읽고 많이 반성하고 있습니다.
>
> 선생님께서 가난한 제자를 위하여 장작과 쌀을 가져다주시는 모습을 보고 코끝이 찡해졌어요. 저라면 꿈에서 본 모습은 꿈이라고 생각하고 별일 없이 넘어갈 텐데....... 직접 제자의 집까지 찾아가서 사는 모습을 살펴보고, 장작과 쌀을 가져다주시는 모습이 정말 감동적이었어요. 저도 선생님의 따뜻한 마음씨를 본받아야겠다고 생각하였습니다.
>
> 지금도 이황 선생님의 생각과 가르침을 알기 위하여 우리나라 학자는 물론 다른 나라의 학자들도 연구를 많이 하고 있다고 해요. 저는 선생님이 정말 존경스러워요.
>
> 이황 선생님, 저도 커서 선생님처럼 훌륭한 사람이 될 거예요. 꼭 지켜봐 주세요. 그럼 안녕히 계세요.

20○○년 11월4일

김지우 올림

*출처: 동아출판 편집부(2017). 백점맞는 국어 3-2 나. 서울: 동아출판.

◇ **어떻게 읽을까요?**

- 복습 [복씁]
- 쌀을 [싸를]
- 있다고 [읻따고]

3. '이황 선생님께' 감상글을 읽고 문제를 풀어 봅시다.

① 괄호 안에 알맞은 말을 적어 보세요.
- 이황 선생님은 가난한 제자에게 (장작)과 (쌀)을 가져다주었다.
- 이황 선생님은 (오늘) 배운 것은 (오늘) 다 익히자고 어린 나이에 결심하였다.
- 이황 선생님은 (꿈)에서 제자의 모습을 보고 제자를 도와주었다.

② 문장을 읽고 맞으면 ○, 틀리면 ×표시를 하세요.
- 김지우학생은 그 날 배운 것은 항상 그 날 복습을 하는 학생이다. (×)
- 이황 선생님은 가난한 제자의 이야기를 소문으로 듣고 장작과 쌀을 가져다주었다. (×)
- 우리나라 학자들만이 이황 선생님을 연구하고 있다. (×)

4. 글에 대하여 기억나는 것이나 느낌을 이야기해 봅시다.

한 걸음 더 나아가기 4: 자음동화 2

1. 자음동화 2 (유음화)

[1] 자음동화에 대해서 알아봅시다.

- 자음동화에 대해 설명해 주세요.
  - 두 자음이 서로 영향을 주고받아 비슷하거나 같은 소리로 바뀌는 현상
- 어떤 자음이 함께 쓰일 때 발음을 쉽게 하기 위해서 서로 닮은 소리로 나는 것
- 비음화에 대해 설명해 주세요.
  - 파열음이 뒤에 오는 비음에 동화되어 비음으로 바뀌는 현상
- 유음화에 대해 설명해 주세요.
- 'ㄴ'이 유음 'ㄹ'의 영향으로 유음 'ㄹ'로 바뀌는 현상
- 이번 시간에는 유음화를 다루겠습니다.

(1) 유음화는 'ㄴ'이 유음 'ㄹ'의 영향으로 유음 'ㄹ'로 바뀌는 것을 말합니다.
  - 유음: 혀끝을 잇몸에 가볍게 대었다가 떼거나, 혀끝을 잇몸에 댄 채 공기를 그 양 옆으로 흘려보내면서 내는 소리, 'ㄹ'

```
------------------------ 〈예시〉 ------------------------
                    앓는 → [ 알른 ]
                    물난리 → [ 물랄리 ]
```

〈퀴즈〉 ① 뚫네 → [뚤레]
         ② 줄넘기 → [줄럼끼]

(2) 자음동화 중 유음화에 해당하는 단어를 말해 봅시다.

[2] 자음동화 문장을 읽어 봅시다.

(1) 아래의 글을 읽고 자음동화로 발음되는 단어에 ○표 해 보세요.

물난리가 나서 동네 사람들 모두 힘들었던 작년 여름, 더 슬픈 일이 있었다. 앓는 아버지를 둔 영우네 집에 닥친 일이어서 더 마음이 아팠다. 영우네 동생을 잃어버린 일이었다. 영우네 어린 동생은 돌아오지 않고 골목길에는 영우네 동생이 가지고 놀던 줄넘기 줄만이 쓸쓸하게 남아있었다.

(2) 자음동화로 발음되는 단어를 정확하게 읽었는지 아래의 글을 읽으면서 확인해 보세요.

[물랄리]가 나서 동네 사람들 모두 힘들었던 작년 여름, 더 슬픈 일이 있었다. [알른] 아버지를 둔 영우네 집에 닥친 일이어서 더 마음이 아팠다. 영우네 동생을 잃어버린 일이었다. 영우네 어린 동생은 돌아오지 않고 골목길에는 영우네 동생이 가지고 놀던 [줄럼끼] 줄만이 쓸쓸하게 남아있었다.

2. 사다리를 타고 만나는 주제를 재미있게 읽어 보아요.

학생이 사다리를 완성할 수 있도록 지도해 주세요.
– 학생이 스스로 주제를 선택할 수 있도록 지도해 주세요. (예: 노래가사, 광고, 기사, 등)
– 흥미를 가지고 읽을 수 있도록 지도해 주세요.

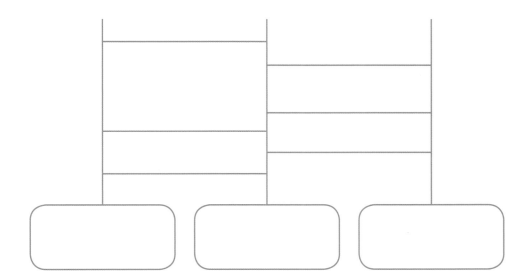

3. 잰말놀이를 재미있게 읽어 봅시다.

※ 이렇게 지도해 주세요.	

- 교사가 학생에게 시범읽기를 할 때 학생은 손가락으로 글자를 가리키면서 눈으로 읽도록 지도해 주세요.
- 학생은 손가락으로 글자를 가리키면서 교사와 함께 읽도록 지도해 주세요.
- 학생 스스로 손가락으로 글자를 가리키면서 천천히 읽도록 지도해 주세요.
- 학생 스스로 읽기에 흥미를 가지면서 재미있게 읽도록 지도해 주세요. (예: 시간, 억양)

깡통을 사러 갔던 통통이가 돌아오지 않는 걸 보니 통통이가 산 깡통은 간 깡통이 아니고 안 간 깡통인가보다. 하지만 깡통을 사러 갔던 깡깡이는 금방 돌아온 것을 보니 깡깡이가 산 깡통은 안 간 깡통이 아니고 간 깡통인가보다.

설명글을 읽어 보아요

'새' 설명글을 읽어 보아요

📖 **학습 목표** '새' 설명글을 정확하게 읽어 봅시다.

※ 이렇게 지도해 주세요.

– 잘못 읽은 단어가 있는지 확인해 주세요.
– 빠뜨린 글자가 있는지 확인해 주세요.
– 추가된 글자가 있는지 확인해 주세요.
– 정확하고 빠르게 읽도록 지도해 주세요.
– 읽은 시간은 기록하도록 지도해 주세요.
– 학생 스스로 녹음하여 들을 수 있도록 지도해 주세요.

1. 네모상자 안의 내용을 읽어 봅시다.

※ 읽는 방법

– 손가락으로 글자를 가리키면서 눈으로 읽어 봅니다.
– 손가락으로 글자를 가리키면서 소리 내어 읽어 봅니다.
– 손가락을 사용하지 않고 소리 내어 읽어 봅니다.
– 충분히 연습한 후 읽은 내용을 녹음을 해 봅니다.
– 자신 있게 읽으며 시간을 기록해 봅니다.

(1) 전체 지문의 한 문단을 읽어 봅시다.

> 새는 여러 가지 뛰어난 능력을 지니고 있다. 하늘을 자유롭게 날 수 있는 것은 새가 가진 가장 큰 능력이다. 새가 하늘에서 자유자재로 움직일 수 있는 것은 날기에 알맞은 몸과 뛰어난 날기 기술을 지니고 있기 때문이다. 그리고 새는 매우 뛰어난 감각 기관을 가지고 있다. 그래서 다른 동물들이 미처 파악하지 못하는 많은 정보를 알 수 있다.
>
> ---
>
> ◇ **어떻게 읽을까요?**
> • 많은 [마는]
> • 알맞은 [알마즌]

(2) 녹음 파일을 들으면서 지문을 눈으로 읽고 확인해 봅시다.

	횟수	내용
시간을 기록해 보세요.	초	
잘못 읽은 글자가 있었나요?		
탈락한 글자가 있었나요?		
첨가한 글자가 있었나요?		

– 잘못 읽은 글자를 지문에 학생 스스로 ○표 하도록 지도해 주세요.
– 잘못 읽은 글자를 주의하여 글상자 안의 내용을 다시 한 번 읽을 수 있도록 지도해 주세요.
– 빠뜨리거나 추가된 글자가 있는지를 확인할 수 있도록 하고 지도해 주세요.

2. '새' 설명글을 정확하게 읽어 봅시다.

새

새는 여러 가지 뛰어난 능력을 지니고 있다. 하늘을 자유롭게 날 수 있는 것은 새가 가진 가장 큰 능력이다. 새가 하늘에서 자유자재로 움직일 수 있는 것은 날기에 알맞은 몸과 뛰어난 날기 기술을 지니고 있기 때문이다. 그리고 새는 매우 뛰어난 감각 기관을 가지고 있다. 그래서 다른 동물들이 미처 파악하지 못하는 많은 정보를 알 수 있다.

새는 하늘을 날기에 알맞은 몸을 지니고 있다. 새는 매우 가벼우면서도 단단한 뼈와 공기주머니를 가지고 있어 몸을 띄우기가 쉽다. 그리고 새의 날개는 앞쪽이 두껍고 뒤쪽이 차차 얇아지는 형태로 되어있어 몸을 띄우는 힘인 '양력'을 쉽게 만들어 낼 수 있다. 또, 새는 가슴 근육부터 날개 뼈까지 이어져있는 힘센 근육을 지니고 있어 강한 날갯짓을 할 수 있다.

새는 하늘을 날기 위하여 필요한 여러 가지 기술을 지니고 있다. 몸을 띄우기 위하여 새들은 강한 날갯짓을 해야 하고 좀 더 쉽게 날아오르기 위하여 바람을 이용하기도 한다. 날갯짓을 할 때 깃털은 날개의 방향에 따라 저절로 열렸다 닫혀 공기를 쉽게 밀어낼 수 있다. 큰 날개를 가진 새들은 날갯짓을 하지 않은 채 바람을 타고 멀리 날아갈 수 있다. 또, 새들은 하늘에서 방향과 속도를 바꿀 수 있는 기술도 있다.

새는 뛰어난 감각기관을 가지고 있다. 새의 시각은 매우 뛰어나다. 먼 곳에 있는 먹이를 정확히 볼 수 있는 것은 물론이고, 대부분의 새는 사람이 볼 수 없는 자외선까지 볼 수 있다. 올빼미는 밤에도 잘 볼 수 있고 뛰어난 청각을 가지고 있으며, 움직일 때 날갯짓 소리가 들리지 않아 어두운 밤에도 사냥을 매우 잘할 수 있다. 그리고 뛰어난 방향 감각을 지니고 있는 철새들은 멀고 먼 길을 이동하지만 방향을 잃지 않고 자신이 원하는 지역을 찾아간다. 과학자들이 그 비밀을 풀기 위하여 지금도 노력하고 있지만 아직 정확한 답을 찾지 못하고 있다.

◇ 어떻게 읽을까요?
• 얇다 [얄따]   • 양력 [양녁]
• 철새 [철쌔]   • 많은 [마는]

3. '새' 글을 읽고 문제를 풀어 봅시다.

① 괄호 안에 알맞은 말을 적어 보세요.

- 새가 가진 능력 중 가장 큰 능력은 무엇인가요? (날기)
- 새가 먼 곳에 있는 것을 정확히 볼 수 있는 까닭은 무엇인가요? (시각이 뛰어나서)
- 뛰어난 방향 감각을 갖고 먼 곳을 이동하는 새를 어떻게 부르나요? (철새)

② 문장을 읽고 맞으면 ○, 틀리면 ×표시를 하세요.

- 새의 뼈는 가벼우면서도 단단하여 몸을 띄우기 쉽다. (○)
- 새들은 방향과 속도를 하늘에서 바꿀 수 없어서 땅으로 내려와 바꾸고 다시 날아 오른다. (×)
- 올빼미는 어두운 밤에도 사냥을 잘 할 수 있다. (○)

4. 글에 대하여 기억나는 것이나 느낌을 이야기해 봅시다.

'국경일' 설명글을 읽어 보아요

📖 **학습 목표** '국경일' 설명글을 정확하게 읽어 봅시다.

※ 이렇게 지도해 주세요.

- 잘못 읽은 단어가 있는지 확인해 주세요.
- 빠뜨린 글자가 있는지 확인해 주세요.
- 추가된 글자가 있는지 확인해 주세요.
- 정확하고 빠르게 읽도록 지도해 주세요.
- 읽은 시간은 기록하도록 지도해 주세요.
- 학생 스스로 녹음하여 들을 수 있도록 지도해 주세요.

1. 네모상자 안의 내용을 읽어 봅시다.

※ 읽는 방법

- 손가락으로 글자를 가리키면서 눈으로 읽어 봅니다.
- 손가락으로 글자를 가리키면서 소리 내어 읽어 봅니다.
- 손가락을 사용하지 않고 소리 내어 읽어 봅니다.
- 충분히 연습한 후 읽은 내용을 녹음을 해 봅니다.
- 자신 있게 읽으며 시간을 기록해 봅니다.

(1) 전체 지문의 한 문단을 읽어 봅시다.

> 국경일은 대부분 공휴일로 정해져 있습니다. 또한 해마다 기념식과 경축행사를 하며, 가정에서는 국기를 게양합니다. 현재는 5대 국경일 중 제헌절만 2008년부터 공휴일이 아닌 국경일로 바뀌었습니다. 또한 현충일인 6월 6일은 국가기념일이고 공휴일로, 국경일과는 다른 기념일입니다.
>
> ---
> ❖ **어떻게 읽을까요?**
> - 국가기념일 [국까기녀밀]
> - 국경일 [국꼉일]

(2) 녹음 파일을 들으면서 지문을 눈으로 읽고 확인해 봅시다.

	횟수	내용
시간을 기록해 보세요.	초	
잘못 읽은 글자가 있었나요?		
탈락한 글자가 있었나요?		
첨가한 글자가 있었나요?		

- 잘못 읽은 글자를 지문에 학생 스스로 ○표 하도록 지도해 주세요.
- 잘못 읽은 글자를 주의하여 글상자 안의 내용을 다시 한 번 읽을 수 있도록 지도해 주세요.
- 빠뜨리거나 추가된 글자가 있는지를 확인할 수 있도록 하고 지도해 주세요.

2. '국경일' 설명글을 정확하게 읽어 봅시다.

국경일

　국경일은 나라의 경사를 기념하기 위하여 나라에서 법률로 정한 경축일입니다. 세계의 여러 나라에서는 건국기념일, 전승일, 국왕탄생일 등을 국경일로 칭하여 거국적으로 행사를 하면서 기념합니다. 대한민국은 1949년 10월 1일에 제정된 「국경일에 관한 법률」에 따라 삼일절, 제헌절, 광복절, 개천절, 한글날을 5대 국경일로 정하고 해마다 공휴일로 삼아 나라에서 기념식을 열어 경축하고 있습니다. 삼일절은 1919년 3월 1일에 일어난 기미년 독립운동을 기념하는 날입니다. 제헌절은 1948년 7월 17일 대한민국 「헌법」을 제정하여 공포한 것을 경축하는 날입니다. 광복절은 1945년 8월 15일 일본으로부터 독립하여 국권을 회복한 것을 기념하는 날입니다. 개천절은 10월 3일로, 서기 2333년 단군이 처음 나라를 세운 것을 기념하는 날입니다. 한글날은 1446년 10월 9일에 우리나라의 글인 한글을 반포한 것을 기념하는 날입니다. 국경일은 대부분 공휴일로 정해져 있고 해마다 기념식과 경축 행사를 하며, 가정에서는 국기를 게양합니다. 현재 5대 국경일 중 제헌절만 2008년부터 공휴일이 아닌 국경일로 바뀌었습니다. 현충일인 6월 6일은 국가기념일이고 공휴일이지만 대한민국을 위하여 목숨을 바친 애국선열과 국군장병들을 추모하기 위한 날이므로 국가의 경사스러운 날은 아니어서 국경일에 해당하지 않습니다.

◇ 어떻게 읽을까요?
• 국경일 [국꼉일]   • 묵념 [뭉념]
• 권리 [궐리]   • 국가기념일 [국까기녀밀]

3. '국경일' 설명글을 읽고 문제를 풀어 봅시다.

① 괄호 안에 알맞은 말을 적어 보세요.

- 나라에 있었던 좋은 일을 기념하기 위하여, 국가에서 법으로 정한 기념일을 무엇이라고 하나요?
(국경일)

- 1919년 3월 1일에 일어났었던 독립운동을 기념하는 날은 무슨 날인가요? (3.1절)

- 국경일을 기념하기 위해 가정에서는 무엇을 게양하나요? (국기(태극기))

② 문장을 읽고 맞으면 ○, 틀리면 ×표시를 하세요.

- 국경일은 나라에 있었던 좋은 일을 기념하기 위하여, 국가에서 법으로 정한 기념일이다. (○)

- 국경일은 3.1절, 제헌절, 광복절, 개천절, 한글날, 현충일까지 총 6일이다. (×)

- 현충일은 대한민국을 위하여 목숨을 바친 애국선열과 국군장병들의 추모하기 위한 날이다. (○)

4. 글에 대하여 기억나는 것이나 느낌을 이야기해 봅시다.

'명절' 설명글을 읽어 보아요

📖 **학습 목표** '명절' 설명글을 정확하게 읽어 봅시다.

※ 이렇게 지도해 주세요.

– 잘못 읽은 단어가 있는지 확인해 주세요.
– 빠뜨린 글자가 있는지 확인해 주세요.
– 추가된 글자가 있는지 확인해 주세요.
– 정확하고 빠르게 읽도록 지도해 주세요.
– 읽은 시간은 기록하도록 지도해 주세요.
– 학생 스스로 녹음하여 들을 수 있도록 지도해 주세요.

1. 네모상자 안의 내용을 읽어 봅시다.

※ 읽는 방법

– 손가락으로 글자를 가리키면서 눈으로 읽어 봅니다.
– 손가락으로 글자를 가리키면서 소리 내어 읽어 봅니다.
– 손가락을 사용하지 않고 소리 내어 읽어 봅니다.
– 충분히 연습한 후 읽은 내용을 녹음을 해 봅니다.
– 자신 있게 읽으며 시간을 기록해 봅니다.

(1) 전체 지문의 한 문단을 읽어 봅시다.

> 단오는 음력 5월 5일이고 한해의 풍년을 기원합니다. 단오 때는 이웃들과 여러 가지 체험을 할 수 있습니다. 창포물로 머리를 감기, 그네뛰기, 씨름 등을 함께 모여서 합니다. 수리취떡과 약떡을 만들어 먹기도 합니다.
>
> ---
>
> ◇ **어떻게 읽을까요?**
> • 단오 [다노]
> • 음력 [음녁]

(2) 녹음 파일을 들으면서 지문을 눈으로 읽고 확인해 봅시다.

	횟수	내용
시간을 기록해 보세요.	초	
잘못 읽은 글자가 있었나요?		
탈락한 글자가 있었나요?		
첨가한 글자가 있었나요?		

– 잘못 읽은 글자를 지문에 학생 스스로 ○표 하도록 지도해 주세요.
– 잘못 읽은 글자를 주의하여 글상자 안의 내용을 다시 한 번 읽을 수 있도록 지도해 주세요.
– 빠뜨리거나 추가된 글자가 있는지를 확인할 수 있도록 하고 지도해 주세요.

2. '명절' 설명글을 정확하게 읽어 봅시다.

명절

우리나라의 대표적인 명절로는 설, 한식, 단오, 추석 등이 있습니다. 설은 음력 1월 1일로 새해를 맞이하는 의미의 명절입니다. 조상들께 차례를 지내고 부모님과 어르신들께 세배를 합니다. 한 해 동안의 복을 빌며 복조리를 걸고 떡국을 먹습니다. 세배를 할 때는 "새해 복 많이 받으세요."라고 하면서 절을 합니다. 한식은 양력 4월 5일 또는 6일로, 동지절 105일 후가 한식입니다. 한식은 조상의 뜻을 기리는 의미를 가지고 있으며 찬 음식을 먹습니다. 단오는 음력 5월 5일이고 한 해의 풍년을 기원합니다. 단오 때는 창포물로 머리를 감고, 그네뛰기, 씨름 등을 합니다. 수리취떡과 약떡을 만들어 먹기도 합니다.

추석은 음력 8월 15일로 한가위라고 하기도 합니다. 조상들께 감사하는 마음을 가지고 차례를 지내며 성묘를 합니다. 강강술래와 씨름 등의 놀이를 하고 송편을 빚어 먹습니다. 그밖에도 우리 조상들은 정월대보름, 동지 등의 명절을 쇠었답니다. 대부분의 명절을 음력의 달로 정하고 있습니다. 그래서 매년 날짜가 바뀌는 명절도 있습니다. 설은 1월 또는 2월에, 추석은 9월 또는 10월에 맞이합니다. 설과 추석은 우리나라의 가장 큰 명절로서 공휴일로 지정되어 있지만 나머지 명절은 공휴일은 아닙니다.

◇ **어떻게 읽을까요?**

- 복조리 [복쪼리]
- 음력 [음녁]
- 덕담 [덕땀]
- 단오 [다노]

3. '명절' 글을 읽고 문제를 풀어 봅시다.

① 괄호 안에 알맞은 말을 적어 보세요.

- 음력 1월 1일로 새해를 맞이하는 의미의 명절은 무엇인가요? (설날)
- 음력 5월 5일이고 한해의 풍년을 기원을 하는 명절은 무엇인가요? (단오)
- 추석 때 빚어 먹는 것은 무엇인가요? (송편)

② 문장을 읽고 맞으면 ○, 틀리면 ×표시를 하세요.

- 우리나라의 대표적인 명절에는 설, 한식, 단오, 추석, 크리스마스 등이 있다. (×)
- 한식은 조상의 뜻을 기리는 의미를 가지고 있으며 찬 음식을 먹곤 한다. (○)
- 단오는 공휴일이 아니다. (○)

4. 글에 대하여 기억나는 것이나 느낌을 이야기해 봅시다.

한 걸음 더 나아가기 5: 구개음화

1. 구개음화

[1] 구개음화에 대해서 알아봅시다.

- 구개음화를 설명해 주세요.
  - 받침의 'ㄷ'과 'ㅌ'소리가 'ㅣ'모음을 만났을 때 'ㅈ'과 'ㅊ'소리로 변화하는 현상입니다.

(1) 받침 'ㄷ'소리가 'ㅣ'모음을 만났을 때 'ㅈ'소리로 발음이 됩니다.

〈예시〉
굳이 → [구지]
미닫이 → [미다지]

〈퀴즈〉 ① 맏이 → [마지]

② 해돋이 → [해도지]

(2) 받침 'ㅌ'소리가 'ㅣ'모음을 만났을 때 'ㅊ'소리로 발음이 됩니다.

〈예시〉
같이 → [가치]
피붙이 → [피부치]

〈퀴즈〉 ① 솥이 → [소치]

② 붙이다 → [부치다]

(3) 알고 있는 구개음화를 말해 봅시다.

[2] 구개음화 문장을 읽어 봅시다.

(1) 아래의 글을 읽고 구개음화로 발음되는 단어에 ○표 해 보세요.

> 시골집에서 아침 일찍 일어나서 미닫이 창문을 열면 마당에 있는 작은 꽃밭이 보인다. 할아버지는 쇠붙이로 만든 쟁기를 챙기시고 할머니는 창호지를 문에 붙이고 계셨다. 시골집 여닫이문을 지나 피붙이 동생과 아침 해돋이를 보기 위해 바다가 넓게 보이는 곳으로 간다.

(2) 구개음화로 발음되는 단어 정확하게 읽었는지 아래의 글을 읽으면서 확인해 보세요.

> 시골집에서 아침 일찍 일어나서 [미다지] 창문을 열면 마당에 있는 작은 [꼳바치] 보인다. 할아버지는 [쇠부치]로 만든 쟁기를 챙기시고 할머니는 창호지를 문에 [부치고] 계셨다. 시골집 [여다지]문을 지나 [피부치] 동생과 아침 [해도지]를 보기 위해 바다가 넓게 보이는 곳으로 간다.

2. 사다리를 타고 만나는 주제를 재미있게 읽어 보아요.

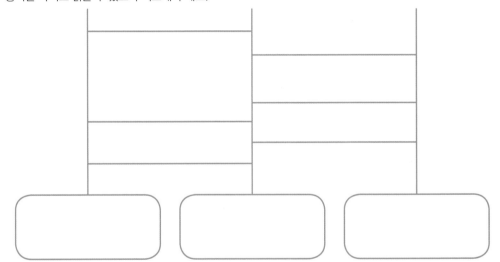

3. 잰말놀이를 재미있게 읽어 봅시다.

– 교사가 학생에게 시범읽기를 할 때 학생은 손가락으로 글자를 가리키면서 눈으로 읽도록 지도해 주세요.
– 학생은 손가락으로 글자를 가리키면서 교사와 함께 읽도록 지도해 주세요.
– 학생 스스로 손가락으로 글자를 가리키면서 천천히 읽도록 지도해 주세요.
– 학생 스스로 읽기에 흥미를 가지면서 재미있게 읽도록 지도해 주세요. (예: 시간, 억양)

> 영이네 아버지가 하시는 화영양장점 옆에는 양영이네 어머니가 하시는 하양양장점,
> 양영이네 어머니가 하시는 하양양장점 옆에는 영이네 아버지가 하시는 화영양장점.
> 우리 동네 양장점은 화영양장점과 하양양장점. 영이네 아버지가 하시는 화영양장점
> 과 양영이네 어머니가 하시는 하양양장점.

주장글을 읽어 보아요

'마음을 표현하는 글쓰기' 주장글을 읽어 보아요

📖 **학습 목표** '마음을 표현하는 글쓰기' 주장글을 정확하게 읽어 봅시다.

※ 이렇게 지도해 주세요.

– 잘못 읽은 단어가 있는지 확인해 주세요.
– 빠뜨린 글자가 있는지 확인해 주세요.
– 추가된 글자가 있는지 확인해 주세요.
– 정확하고 빠르게 읽도록 지도해 주세요.
– 읽은 시간은 기록하도록 지도해 주세요.
– 학생 스스로 녹음하여 들을 수 있도록 지도해 주세요.

1. 네모상자 안의 내용을 읽어 봅시다.

※ 읽는 방법

– 손가락으로 글자를 가리키면서 눈으로 읽어 봅니다.
– 손가락으로 글자를 가리키면서 소리 내어 읽어 봅니다.
– 손가락을 사용하지 않고 소리 내어 읽어 봅니다.
– 충분히 연습한 후 읽은 내용을 녹음을 해 봅니다.
– 자신 있게 읽으며 시간을 기록해 봅니다.

(1) 전체 지문의 한 문단을 읽어 봅시다.

> 첫째, 읽는 이가 알기 쉬운 낱말을 사용한다. 글 쓰는 주제에 대해 읽은 이가 모르는 내용이면 알기 쉬운 단어를 사용해야 한다. 예를 들면, 동생에게 연극에 대한 마음을 표현 할 때는 동생이 알고 있는 쉬운 단어를 쓰도록 한다. 쉬운 낱말을 사용해야 내 마음을 표현하는 말을 이해하기 쉽다.
>
> --------
>
> ◆ **어떻게 읽을까요?**
> • 낱말 [난말]
> • 읽는 [익는]

(2) 녹음 파일을 들으면서 지문을 눈으로 읽고 확인해 봅시다.

	횟수	내용
시간을 기록해 보세요.	초	
잘못 읽은 글자가 있었나요?		
탈락한 글자가 있었나요?		
첨가한 글자가 있었나요?		

– 잘못 읽은 글자를 지문에 학생 스스로 ○표 하도록 지도해 주세요.

– 잘못 읽은 글자를 주의하여 글상자 안의 내용을 다시 한 번 읽을 수 있도록 지도해 주세요.

– 빠뜨리거나 추가된 글자가 있는지를 확인할 수 있도록 하고 지도해 주세요.

2. '마음을 표현하는 글쓰기' 주장글을 정확하게 읽어 봅시다.

마음을 표현하는 글쓰기

나의 마음을 잘 드러내는 글을 쓰기 위해서는 읽는 이를 고려하여야 한다. 그렇지 않고 글을 쓰면 상대방이 나의 마음을 잘못 이해할 수가 있기 때문이다. 예를 들면, 웃어른께 감사의 마음을 표시할 때는 높임말을 사용해야 나의 마음을 잘 전달할 수 있다. 글을 읽는 이를 고려하여 자신의 마음을 표현하는 글을 쓰는 방법은 다음과 같다.

첫째, 읽는 이가 알기 쉬운 낱말을 사용한다. 글 쓰는 주제에 대해 읽는 이가 모르는 내용이면 알기 쉬운 단어를 사용해야 한다. 예를 들면, 동생에게 연극에 대한 마음을 표현 할 때는 동생이 알고 있는 쉬운 단어를 쓰도록 한다. 쉬운 낱말을 사용해야 내 마음을 표현하는 말을 이해하기 쉽다.

둘째, 읽는 이가 상황을 잘 알고 있는 사람인지 고려한다. 상황을 잘 모르는 사람에게는 상황을 자세히 알려준다. 읽는 이가 상황을 모르면 내가 왜 그런 마음이 들었는지 이해하기가 어렵다. 사과쪽지를 쓸 때는 있었던 일을 자세히 설명해야 상황을 모르는 친구들에게 나의 마음을 잘 전달할 수 있다.

자신의 마음을 표현하는 글을 쓰는 방법에 대해 알아보았다. 읽는 이를 고려하여 알기 쉬운 낱말을 쓰자. 그리고 상황을 잘 알고 있는 사람인지를 파악하여 글을 써서 나의 마음이 잘 전달되도록 노력하자.

◇ 어떻게 읽을까요?

- 웃어른 [우더른]
- 높임말 [노핌말]
- 않고 [안코]
- 있었던 [이썯떤]

3. '마음을 표현하는 글쓰기' 주장글을 읽고 문제를 풀어 봅시다.

① 괄호 안에 알맞은 말을 적어 보세요.
- 마음을 잘 드러내는 글을 쓰기 위해서 (읽는 이)를 고려하여야 한다.
- 읽는 이가 (알기 쉬운) 낱말을 사용해야 한다.
- 웃어른께 편지를 쓸 때는 (높임말)을 사용해야 한다.

② 문장을 읽고 맞으면 ◯, 틀리면 ✕표시를 하세요.
- 읽는 이가 상황을 모를 때는 상황을 자세하게 적어야 한다. (◯)
- 읽는 이를 고려해야 자신의 마음을 잘 표현할 수 있다. (◯)
- 읽는 이가 주제에 대해 모르면 어려운 단어를 써서 설명한다. (✕)

4. 글에 대하여 기억나는 것이나 느낌을 이야기해 봅시다.

'쓰레기를 줄이자' 주장글을 읽어 보아요

📖 **학습 목표** '쓰레기를 줄이자' 주장글을 정확하게 읽어 봅시다.

※ 이렇게 지도해 주세요.

– 잘못 읽은 단어가 있는지 확인해 주세요.
– 빠뜨린 글자가 있는지 확인해 주세요.
– 추가된 글자가 있는지 확인해 주세요.
– 정확하고 빠르게 읽도록 지도해 주세요.
– 읽은 시간은 기록하도록 지도해 주세요.
– 학생 스스로 녹음하여 들을 수 있도록 지도해 주세요.

1. 네모상자 안의 내용을 읽어 봅시다.

※ 읽는 방법

– 손가락으로 글자를 가리키면서 눈으로 읽어 봅니다.
– 손가락으로 글자를 가리키면서 소리 내어 읽어 봅니다.
– 손가락을 사용하지 않고 소리 내어 읽어 봅니다.
– 충분히 연습한 후 읽은 내용을 녹음을 해 봅니다.
– 자신 있게 읽으며 시간을 기록해 봅니다.

(1) 전체 지문의 한 문단을 읽어 봅시다.

> 온갖 악취와 물건들이 산더미처럼 쌓였기 때문이다. 이 많은 쓰레기는 우리의 자연환경을 오염시키고 생태계까지 파괴하기도 했다. 그러면 환경을 오염시키는 쓰레기를 줄일 수 있는 방법에는 어떤 것이 있을까?
>
> --
>
> ◇ **어떻게 읽을까요?**
> • 쌓였기 [싸열끼]
> • 있을까 [이쓸까]

(2) 녹음 파일을 들으면서 지문을 눈으로 읽고 확인해 봅시다.

	횟수	내용
시간을 기록해 보세요.	초	
잘못 읽은 글자가 있었나요?		
탈락한 글자가 있었나요?		
첨가한 글자가 있었나요?		

– 잘못 읽은 글자를 지문에 학생 스스로 ○표 하도록지도해 주세요.
– 잘못 읽은 글자를 주의하여 글상자 안의 내용을 다시 한 번 읽을 수 있도록 지도해 주세요.
– 빠뜨리거나 추가된 글자가 있는지를 확인할 수 있도록 하고 지도해 주세요.

2. '쓰레기를 줄이자' 주장글을 정확하게 읽어 봅시다.

쓰레기를 줄이자

우리가 생활하는 곳에는 늘 쓰레기가 따라다닌다. 우리나라의 쓰레기 배출량은 해마다 늘어나고 있다. 이 쓰레기를 처리하는 데 드는 비용 역시 엄청나다. 우리 동네는 얼마 전에 쓰레기차가 쓰레기를 치우지 않아서 큰 불편을 겪었다. 온갖 악취와 물건들이 산더미처럼 쌓였다. 이 많은 쓰레기는 우리의 아름다운 자연환경에 해를 끼치고 생태계를 파괴한다. 그러면 이렇게 나쁜 영향을 주고 환경을 오염시키는 쓰레기를 줄일 수 있는 방법에는 어떤 것들이 있을까?

첫째, 분리수거를 잘 하자. 쓰레기에는 재활용이 가능한 것과 불가능한 것이 있다. 골목을 지나가면 집 안에서 나온 쓰레기와 물건이 마구 뒹굴고 있다. 쓰레기봉투도 사용하지 않고, 분리수거를 하지도 않은 채 마구 버려져 있다. 먼저 재활용이 가능한 것을 분리하면 쓰레기 양을 많이 줄일 수 있다.

둘째, 일회용품 사용을 줄여야 한다. 일회용품은 1회 쓰고 버리는 물건이다. 그중에서도 종이컵은 가장 많이 사용되는 일회용품이다. 특히 커피전문점의 수가 늘어나면서 일회용 종이컵의 수도 늘었다. 그래서 커피전문점에서는 개인 컵을 사용하는 고객에게는 커피 할인을 하며 혜택을 주고 있다. 개인 컵을 사용한다면 일회용품으로 버려지는 쓰레기를 줄일 수 있다.

셋째, 음식물 쓰레기를 줄이자. 우리가 버리는 쓰레기 중에는 음식물 쓰레기도 아주 많다. 음식물 쓰레기는 악취를 풍겨 환경을 오염시킨다. 학교 급식실이나 식당에서 남아서 버리는 음식물을 보면 아까울 때가 많다. 아프리카에서는 아이들이 못 먹어서 기아가 늘어나는데 우리는 멀쩡한 음식을 마구 버린다. 먹을 만큼 만들어서 먹고 음식물 관리를 잘 하여 버리는 음식물이 없었으면 좋겠다.

넷째, 과대포장을 하지 않는다. 요즈음 인터넷으로 물건을 주문하여 택배로 배달을 받는 경우가 많다. 이때 물건은 작은데 그것을 포장한 상자는 물건보다 몇 배나 큰 경우가 많다. 아파트에 쌓여 있는 스티로폼들을 수거하고 처리하는 비용도 많이 든다고 한다. 이런 포장을 줄이면 쓰레기도 줄어들 것 같다.

지금까지 쓰레기 줄이는 방법에 대해서 알아보았다. 우리에게 해를 끼치는 쓰레기를 줄여서 아름다운 환경에서 살 수 있도록 모두가 노력해야 한다. 쓰레기가 없는 깨끗하고 아름다운 나라를 만들기 위해 우리 모두 쓰레기를 줄이자.

◇ 어떻게 읽을까요?
- 않아서 [안자서]
- 않은 [안는]
- 없었으면 [업썰쓰면]
- 있도록 [읻또록]

3. '쓰레기를 줄이자' 주장글을 읽고 문제를 풀어 봅시다.

① 괄호 안에 알맞은 말을 적어 보세요.

- 쓰레기에는 (재활용)이 가능한 것과 불가능한 것이 있다.
- 커피전문점이 늘어나면서 (일회용) 종이컵의 수가 늘어났다.
- 물건 내용은 작은데 (포장된 박스)나 상자는 몇 배나 클 때가 많다.

② 문장을 읽고 맞으면 ○, 틀리면 ✕ 표시를 하세요.

- 쓰레기를 줄이기 위해 분리수거를 잘해야 한다. (○)
- 일회용품은 1회만 사용하고 버리는 물건이다. (○)
- 음식물 쓰레기는 줄이지 않아도 상관없다. (✕)

4. 글에 대하여 기억나는 것이나 느낌을 이야기해 봅시다.

'바르고 고운 말을 쓰자' 주장글을 읽어 보아요

📖 **학습 목표** '바르고 고운 말을 쓰자' 주장글을 정확하게 읽어 봅시다.

※ 이렇게 지도해 주세요.

– 잘못 읽은 단어가 있는지 확인해 주세요.
– 빠뜨린 글자가 있는지 확인해 주세요.
– 추가된 글자가 있는지 확인해 주세요.:
– 정확하고 빠르게 읽도록 지도해 주세요.
– 읽은 시간은 기록하도록 지도해 주세요.
– 학생 스스로 녹음하여 들을 수 있도록 지도해 주세요.

1. 네모상자 안의 내용을 읽어 봅시다.

※ 읽는 방법

– 손가락으로 글자를 가리키면서 눈으로 읽어 봅니다.
– 손가락으로 글자를 가리키면서 소리 내어 읽어 봅니다.
– 손가락을 사용하지 않고 소리 내어 읽어 봅니다.
– 충분히 연습한 후 읽은 내용을 녹음을 해 봅니다.
– 자신 있게 읽으며 시간을 기록해 봅니다.

(1) 전체 지문의 한 문단을 읽어 봅시다.

> 넷째, 말을 줄여서 사용하지 말아야 한다. 요즘 말을 짧게 줄여서 첫 자를 연결해서 말을 많이 한다. 예를 들어, 혼자 밥 먹는 것을 '혼밥' 우리를 '울' 선생님을 '샘'이라고 하는데 이런 말은 우리 고유의 말을 변질시킨다. 말하고 쓰기 좋은 세계 최고의 우리말을 우리가 아끼고 바르게 사용해야 한다.
>
> -
>
> ◇ 어떻게 읽을까요?
> • 줄여서 [주려서]
> • 짧게 [짤께]

(2) 녹음 파일을 들으면서 지문을 눈으로 읽고 확인해 봅시다.

	횟수	내용
시간을 기록해 보세요.	초	
잘못 읽은 글자가 있었나요?		
탈락한 글자가 있었나요?		
첨가한 글자가 있었나요?		

– 잘못 읽은 글자를 지문에 학생 스스로 ○표 하도록 지도해 주세요.
– 잘못 읽은 글자를 주의하여 글상자 안의 내용을 다시 한 번 읽을 수 있도록 지도해 주세요.
– 빠뜨리거나 추가된 글자가 있는지를 확인할 수 있도록 하고 지도해 주세요.

2. '바르고 고운 말을 쓰자' 주장글을 정확하게 읽어 봅시다.

바르고 고운 말을 쓰자

사람은 동물과 달리 자신의 생각을 말로 표현하며 살아간다. 어떻게 말하느냐에 따라서 그 사람의 인격을 알 수 있게 된다. 우리 속담에 '말 한 마디에 천냥 빚을 갚는다'는 말이 있다. 하지만 요즈음 아이들이 쓰는 말을 보면 유행어나 욕설이 많이 섞여 있고, 심지어 어떤 말은 심하게 줄여서 무슨 말인지 알지 못하는 것도 많다. 그러면 우리가 바르고 고운 말을 쓰기 위해서는 어떻게 해야 할까?

첫째, 욕을 하지 말자. 욕은 다른 사람의 마음을 상하게 한다. 그래서 친했던 친구와도 싸우게 만들어 멀어지게 한다. 욕을 좋아하는 사람은 없을 것이다. 욕은 한번 하면 다음에 또 하게 된다. 욕은 사람과의 관계뿐 아니라 공동체의 질서도 깨뜨린다. 그러므로 욕을 하지 말고 고운 말을 해야 한다.

둘째, 품위 없는 유행어를 사용하지 말자. 학교나 학원에 가면 아이들이 텔레비전 개그 프로그램에 나오는 유행어를 사용하여 진지한 표현도 장난스럽게 말할 때가 있다. 그중에는 재미있고 귀여운 유행어도 있지만, 이상한 행동과 함께 질 떨어지는 말로 품위를 떨어뜨리는 유행어가 대부분이다. 따라서 말하는 사람의 품위를 떨어뜨리는 유행어 대신 올바른 말을 사용해야 한다.

셋째, 공손하고 예의 바른 말을 하자. 요즘 아이들은 어른들께 반말을 하거나 함부로 말할 때가 많다. 우리나라는 예로부터 '동방예의지국'으로 칭찬받던 나라였다. 가정에서나 이웃 어른들에게 함부로 말하지 말고 공손하고 예의 바른 말을 해야 할 것이다.

넷째, 말을 줄여서 사용하지 말자. 요즈음은 첫자를 연결해서 짧게 줄인 말을 많이 사용한다. 예를 들어, '혼자 밥 먹는 것'을 '혼밥', '솔직히 까놓고 말해서'를 '솔까', '그냥'을 '냥', '우리'를 '울', '선생님'을 '샘'이라고 하는데 이런 말은 우리 고유의 한글을 변질시키는 것이다. 쓰기 좋고 말하기 좋은 세계 최고의 우리말을 우리가 아끼고 바르게 사용해야 한다.

◇ 어떻게 읽을까요?
- 어떻게 [어떠케]
- 많이 [마니]
- 먹는 [멍는]
- 좋은 [조은]

3. '바르고 고운 말을 쓰자' 주장글을 읽고 문제를 풀어 봅시다.

① 괄호 안에 알맞은 말을 적어 보세요.
- 사람은 동물과 달리 자신의 생각을 (말)로 표현하며 살아간다.
- 우리나라는 예로부터 (동방예의지국)으로 칭송받던 나라였다.
- 말을 (줄여서) 사용하지 말아야 한다.

② 문장을 읽고 맞으면 ○, 틀리면 ×표시를 하세요.
- 욕을 하지 말아야 한다. (○)
- 유행어를 사용해야 한다. (×)
- 공손하고 예의 바른 말을 사용해야 한다. (○)

4. 글에 대하여 기억나는 것이나 느낌을 이야기해 봅시다.

한 걸음 더 나아가기 6: 음운변동 1

1. 음운의 변동 1 (음운의 축약)

[1] 자음의 축약

※ 이렇게 지도해 주세요.

자음의 축약에 대해 설명해 주세요.
– 받침의 자음과 다음 발음의 자음이 합쳐져서 새로운 자음으로 발음하는 것이 자음의 축약입니다.
국화 → [구콰] (ㄱ+ㅎ=ㅋ)

(1) 받침 'ㄱ' 소리가 자음 'ㅎ' 소리를 만났을 때 'ㅋ' 소리로 발음이 됩니다.

─────── 〈예시〉 ───────
먹히다 → [머키다] → ㄱ+ㅎ=ㅋ
식히다 → [시키다] → ㄱ+ㅎ=ㅋ

〈퀴즈〉 ① 박히다 → [바키다]

② 벽화 → [벼콰]

(2) 받침 'ㅂ' 소리가 자음 'ㅎ' 소리를 만났을 때 'ㅍ' 소리로 발음이 됩니다.

─────── 〈예시〉 ───────
잡히다 → [자피다] → ㅂ+ㅎ=ㅍ
뽑히다 → [뽀피다] → ㅂ+ㅎ=ㅍ

〈퀴즈〉 ① 좁히다 → [조피다]

② 씹히면 → [씨피면]

(3) 받침 'ㅎ' 소리가 자음 'ㄷ' 소리를 만났을 때 'ㅌ' 소리로 발음이 됩니다.
받침 'ㄷ' 소리가 자음 'ㅎ' 소리를 만났을 때 'ㅌ' 소리로 발음이 됩니다.

─────── 〈예시〉 ───────
파랗다 → [파라타] → ㅎ+ㄷ=ㅌ
맏형 → [마텽] → ㄷ+ㅎ=ㅌ

〈퀴즈〉 ① 뽀얗던 → [뽀야턴]

② 빨갛다 → [빨가타]

(4) 받침 'ㅈ' 소리가 자음 'ㅎ' 소리를 만났을 때 'ㅊ' 소리로 발음이 됩니다.

------------------------------- 〈예시〉 -------------------------------

부딪히는 → [부디치는] → ㅈ+ㅎ=ㅊ

젖히다 → [저치다] → ㅈ+ㅎ=ㅊ

〈퀴즈〉 ① 맞히다 → [마치다]

(5) 알고 있는 음운 축약이 생기는 단어를 말해 봅시다.

[2] 음운의 축약을 읽어 봅시다.

(1) 아래의 글을 읽고 음운의 축약이 있는 단어에 ○표 해 보세요.

> 세차게 내리는 빗방울이 창문에 부딪히고 있다. 방금 전까지만 해도 파랗던 하늘이
> 어느새 어두컴컴해졌다. 여름 동안 뜨겁게 달궈진 땅을 식히는 빗방울이 반가워 하
> 염없이 창밖을 바라보았다. 옆집에 사는 남매 철수와 영희가 비오는 거리에서 물장
> 난을 치다가 엄마한테 잡혀 들어가는 걸 보니 정겨워서 나도 모르게 웃음이 났다.

(2) 발음 읽기

> 세차게 내리는 빗방울이 창문에 [부디치고] 있다. 방금 전까지만 해도 [파라턴] 하늘
> 이 어느새 어두컴컴해졌다. 여름 동안 뜨겁게 달궈진 땅을 [시키는] 빗방울이 반가워
> 하염없이 창밖을 바라보았다. 옆집에 사는 남매 철수와 영희가 비오는 거리에서 물장
> 난을 치다가 엄마한테 [자펴] 들어가는 걸 보니 정겨워서 나도 모르게 웃음이 났다.

2. 사다리를 타고 만나는 주제를 재미있게 읽어 보아요.

학생이 사다리를 완성할 수 있도록 지도해 주세요.
– 학생이 스스로 주제를 선택할 수 있도록 지도해 주세요. (예: 노래가사, 광고, 기사, 등)
– 흥미를 가지고 읽을 수 있도록 지도해 주세요.

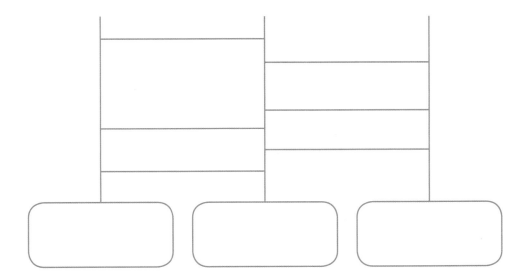

3. 잰말놀이를 재미있게 읽어 봅시다.

※ 이렇게 지도해 주세요.	

1. 교사가 학생에게 시범읽기를 할 때 학생은 손가락으로 글자를 가리키면서 눈으로 읽도록 지도해 주세요.
2. 학생은 손가락으로 글자를 가리키면서 교사와 함께 읽도록 지도해 주세요.
3. 학생 스스로 손가락으로 글자를 가리키면서 천천히 읽도록 지도해 주세요.
4. 학생 스스로 읽기에 흥미를 가지면서 재미있게 읽도록 지도해 주세요. (예: 시간, 억양)

> 원래 생각이라는 것은 생각하면 생각할수록 생각나는 것이 생각이다. 그러므로 생각하면 생각할수록 생각나지 않도록 생각하지 않는 생각이 좋은 생각이라 생각한다. 지금 생각해 보니 좋은 생각과 좋지 않은 생각을 나누는 생각이 좋은 생각인지 좋지 않은 생각인지 고민이 된다.

단계

03

전래동화를 읽어 보아요

'심청전 이야기' 전래동화를 읽어 보아요

📖 **학습 목표** '심청전 이야기' 전래동화를 정확하게 읽어 봅시다.

※ 이렇게 지도해 주세요.

– 잘못 읽은 단어가 있는지 확인해 주세요.
– 빠뜨린 글자가 있는지 확인해 주세요.
– 추가된 글자가 있는지 확인해 주세요.
– 정확하고 빠르게 읽도록 지도해 주세요.
– 읽은 시간은 기록하도록 지도해 주세요.
– 학생 스스로 녹음하여 들을 수 있도록 지도해 주세요.

1. 네모상자 안의 내용을 읽어 봅시다.

※ 읽는 방법

– 손가락으로 글자를 가리키면서 눈으로 읽어 봅니다.
– 손가락으로 글자를 가리키면서 소리 내어 읽어 봅니다.
– 손가락을 사용하지 않고 소리 내어 읽어 봅니다.
– 충분히 연습한 후 읽은 내용을 녹음을 해 봅니다.
– 자신 있게 읽으며 시간을 기록해 봅니다.

(1) 전체 지문의 한 문단을 읽어 봅시다.

> 다음 날 뱃사람들은 심청이를 데리러 왔어요. 뒤늦게 이 사실 안 심봉사는 "청아! 청아! 못 간다. 이 아비를 두고 어딜 가느냐!" 하며 울부짖었어요. "아버지, 부디 밝은 세상을 보시면서 오래오래 사세요." 심청이는 울며 뱃사람들을 따라갔어요. 파도는 매우 거칠었어요.
> 심청이는 치마폭을 덮어쓰고 물속으로 몸을 던졌어요.
>
> ◇ **어떻게 읽을까요?**
> • 밝은 [발근]
> • 덮어쓰고 [더퍼쓰고]

(2) 녹음 파일을 들으면서 지문을 눈으로 읽고 확인해 봅시다.

	횟수	내용
시간을 기록해 보세요.	초	
잘못 읽은 글자가 있었나요?		
탈락한 글자가 있었나요?		
첨가한 글자가 있었나요?		

– 잘못 읽은 글자를 지문에 학생 스스로 ○표 하도록 지도해 주세요.
– 잘못 읽은 글자를 주의하여 글상자 안의 내용을 다시 한 번 읽을 수 있도록 지도해 주세요.
– 빠뜨리거나 추가된 글자가 있는지를 확인할 수 있도록 하고 지도해 주세요.

2. '심청전 이야기' 전래동화를 정확하게 읽어 봅시다.

심청전

　옛날 어느 마을에 가난한 심봉사가 살았어요.
　심봉사에게는 어린 딸이 있었는데, 그 딸의 이름은 '청'이었어요.
　어려서 어머니를 잃은 청이는 동네 아주머니들의 젖을 얻어먹으며 자랐어요.
　청이는 무럭무럭 예쁘게 자라 아버지를 극진히 모셨어요.
　어느 날 심봉사는 마을에 일을 나가서 늦도록 오지 않는 청이를 마중 가다가 그만 풍덩 물에 빠졌어요.
　"사람 살려! 사람 살려!"
　그때 지나가던 한 스님이 뛰어들어 심봉사를 구해 주었어요.
　"뉘신지는 모르지만 정말 고맙습니다."
　"저는 용두사의 중입니다. 공양미 삼백 석을 부처님께 바치면 당신은 눈을 뜨실 수 있을 것입니다."
　집에 돌아온 심봉사는 눈 뜨고 싶은 마음에 밥도 먹기 싫었어요.
　"아버지, 무슨 걱정이 있으세요"
　"얘야, 우리 형편에 쌀 삼백 석이 웬 말이냐"
　심봉사가 이제까지의 일을 말해 주었지만 청이는 아무 말도 할 수 없었어요. 그러던 어느 날 뱃사람들이 인당수에 바칠 처녀를 구한다는 소문이 들렸어요. 청이는 뱃사람들을 찾아갔어요.

"저는 쌀 삼백 석이 필요합니다. 저를 사세요."

"무슨 연유로 쌀이 삼백 석이나 필요합니까"

"아버지 눈을 뜨게 하려고요."

뱃사람들은 청이의 사정을 듣고 쌀 삼백 석에 청이를 사기로 약속했어요.

다음 날 뱃사람들이 청이를 데리러 오자 뒤늦게 이 사실을 알게 된 심봉사는 울부짖으며 말했어요.

"청아! 청아! 못 간다. 이 아비를 두고 어딜 가느냐! 너가 없이 눈 뜨면 무슨 소용이 있겠느냐. 가지 마라."

"아버지, 부디 밝은 세상을 보시면서 오래오래 사세요."

청이는 울며 뱃사람들을 따라갔어요.

인당수 파도는 매우 거칠었어요.

청이는 치마폭을 뒤집어서 덮어쓰고 물속으로 몸을 던졌어요.

그때 용왕님이 커다란 연꽃에 청이를 숨겨 물 위로 띄워 주었어요.

뱃사람들은 그 눈부신 연꽃을 건져 임금님께 가져갔어요.

연꽃 속에서 아름다운 청이가 나오자 임금님은 깜짝 놀랐어요.

"오! 하늘이 내게 준 선녀로구나."

임금님은 청이를 아내로 삼았어요.

이제 청이는 왕비가 되었지만 아버지 생각에 근심이 가득했어요.

그런 청이의 마음을 알고 임금님은 전국의 봉사들을 위해 잔치를 열었어요.

드디어 심봉사도 그 잔치에 왔어요.

멀리서 아버지를 보자 청이는 단숨에 달려갔어요.

"아버지!!"

"아니? 이 목소리는 내 딸 청이 목소리인데? 우리 청이는 이 세상에 없는데……"

"아니에요, 아버지! 제가 청이에요!"

"뭐라고? 내 딸 청이라고? 어디 한번 보자!"

그 순간 심봉사는 번쩍 눈을 떴어요.

청이는 눈 뜬 아버지와 함께 오랫동안 행복하게 살았답니다.

◇ 어떻게 읽을까요?
- 잃은 [이른]
- 연꽃 [연꼳]
- 극진히 [극찐히]
- 오랫동안 [오래똥안/오랟똥안]
- 밝은 [발근]
- 뱃사람 [배싸람/밷싸람]

3. '심청전 이야기' 전래동화를 읽고 문제를 풀어 봅시다.

① 괄호 안에 알맞은 말을 적어 보세요.

- 심봉사에게는 어린 (딸)이 있다.
- 심봉사는 공양미 (삼백석)을 바치면 눈을 뜰 수 있다.
- 용왕님이 커다란 (연꽃)에 심청이를 숨겨 물 위로 띄워 주었다.
- (임금님)은 심청이를 아내로 삼았다.
- 임금님은 전국의 (봉사)들을 위해 잔치를 열었다.

② 문장을 읽고 맞으면 ○, 틀리면 ×표시를 하세요.

- 심봉사의 아들은 청이다. (×)
- 심봉사는 눈이 보이지 않는다. (○)
- 심봉사의 눈을 뜨게 하기 위해서 공양미 삼백석이 필요하다. (○)
- 심청이는 절벽에서 몸을 던졌다. (×)
- 심청이를 다시 만난 심봉사는 눈이 떠졌다. (○)

4. 글에 대하여 기억나는 것이나 느낌을 이야기해 봅시다.

'토끼의 재판' 전래동화를 읽어 보아요

📖 **학습 목표** '토끼의 재판' 전래동화를 정확하게 읽어 봅시다.

※ 이렇게 지도해 주세요.

– 잘못 읽은 단어가 있는지 확인해 주세요.
– 빠뜨린 글자가 있는지 확인해 주세요.
– 추가된 글자가 있는지 확인해 주세요.
– 정확하고 빠르게 읽도록 지도해 주세요.
– 읽은 시간은 기록하도록 지도해 주세요.
– 학생 스스로 녹음하여 들을 수 있도록 지도해 주세요.

1. 네모상자 안의 내용을 읽어 봅시다.

※ 읽는 방법

– 손가락으로 글자를 가리키면서 눈으로 읽어 봅니다.
– 손가락으로 글자를 가리키면서 소리 내어 읽어 봅니다.
– 손가락을 사용하지 않고 소리 내어 읽어 봅니다.
– 충분히 연습한 후 읽은 내용을 녹음을 해 봅니다.
– 자신 있게 읽으며 시간을 기록해 봅니다.

(1) 전체 지문의 한 문단을 읽어 봅시다.

> 호랑이는 그동안의 일을 주절주절 늘어놓았습니다. 토끼가 이해가 안 된다는 표정으로 눈을 동그랗게 뜨고 갸우뚱거렸습니다. 그러자 호랑이는 답답해하며 구덩이에 다시 들어가 직접 보여주겠다고 했습니다.
>
> 호랑이는 성큼성큼 구덩이로 들어갔습니다. 호랑이가 구덩이에 들어가자 구덩이 속의 통나무를 던져버렸습니다. 토끼는 깔깔 웃으며 말했습니다.
>
> ---
>
> ◇ **어떻게 읽을까요?**
> • 동그랗게 [동그라케]
> • 늘어놓았습니다 [느러노알씀니다]

(2) 녹음 파일을 들으면서 지문을 눈으로 읽고 확인해 봅시다.

	횟수	내용
시간을 기록해 보세요.	초	
잘못 읽은 글자가 있었나요?		
탈락한 글자가 있었나요?		
첨가한 글자가 있었나요?		

– 잘못 읽은 글자를 지문에 학생 스스로 ○표 하도록 지도해 주세요.

– 잘못 읽은 글자를 주의하여 글상자 안의 내용을 다시 한 번 읽을 수 있도록 지도해 주세요.

– 빠뜨리거나 추가된 글자가 있는지를 확인할 수 있도록 하고 지도해 주세요.

2. '토끼의 재판' 전래동화를 정확하게 읽어 봅시다.

토끼의 재판

옛날에 한 선비가 산속을 걷고 있었습니다.

그런데 어디선가 애절한 울음소리가 들려왔습니다.

"어흥, 어흐흐흐흥, 살려 주세요!

착하고 불쌍한 호랑이 좀 살려 주세요!"

선비가 사방을 두리번거리다가 소리 나는 쪽으로 가 보니 호랑이가 구덩이에 빠져 울고 있었습니다.

"선비님, 제발 나 좀 꺼내 주세요! 여기 있다가는 죽고 말 거예요."

"불쌍하지만 너를 구해 주면 네가 나를 잡아먹을 것이 아니냐."

"그럴 리가 있나요? 절대 잡아먹지 않는다고 약속할게요!"

선비는 호랑이의 말을 믿고 통나무를 구덩이에 넣어 주었습니다.

호랑이는 눈 깜짝할 사이에 통나무를 타고 밖으로 빠져나왔습니다.

그러고는 선비에게 와락 덤벼들며 말했습니다.

"어흥, 며칠을 굶었더니 배가 고파 죽겠다. 일단 너부터 잡아먹어야겠다!"

선비는 까무러칠 뻔했습니다.

"으악! 은혜도 모르는 이 나쁜 호랑이야."

선비는 이렇게 잡아먹힐 수 없다고 생각하여, 지나가는 동물에게 누가 더 나쁜지 세 번만 물어본 후 만약 자기가 더 나쁘다고 한다면 순순히 잡아먹히겠다고 했습니다. 선비는 원숭이와 황소에게 물었습니다.

"죽을 뻔한 호랑이를 구해 줬더니 나를 잡아먹겠다는구려."

하지만 원숭이와 황소는 호랑이가 무서워서 호랑이 편을 들며, 모두 사람이 더 은혜를 모른다고 하면서 사람이 더 나쁘다고 말했습니다.

선비는 털썩 주저앉아 "아이고, 난 이제 죽었구나." 하며 울었습니다.

이때 가만히 재판을 지켜보던 토끼가 깡충깡충 뛰어왔습니다.

"호랑이님! 무슨 일 있어요?"

"너는 몰라도 되니 저리 가!"

"궁금해서 그러니 무슨 일인지 이야기 좀 해 주세요."

호랑이는 그동안의 일을 주절주절 늘어놓았습니다. 토끼가 이해가 안 된다는 표정으로 눈을 동그랗게 뜨고 자꾸 갸우뚱거리자 호랑이는 답답함을 견디다 못해 구덩이에 다시 들어가 직접 보여 주겠다고 했습니다.

호랑이는 성큼성큼 구덩이로 들어갔습니다. 토끼는 호랑이가 들어가자 구덩이 속의 통나무를 꺼내어 던져 버렸습니다. 토끼는 깔깔 웃으며 말했습니다.

"이 호랑이야, 나한테 속았지? 은혜도 모르는 못된 호랑이 같으니라고!"

호랑이는 뒤늦게 속은 걸 알고 울부짖었습니다.

"어흐흐흥, 살려 줘! 어흐흐흐흥, 제발 꺼내 줘!"

은혜도 모르는 호랑이를 누가 구해 주겠냐고 토끼는 혀를 날름 내밀며 말했지요.

선비는 토끼에게 몇 번이나 감사 인사를 하고 다시 길을 떠났습니다.

◆ 어떻게 읽을까요?
- 잡아먹을 [자바머글]
- 굶었더니 [굴먼떠니]
- 놓았습니다 [노알씀니다]
- 못된 [몯뙨]
- 속은 [소근]
- 울부짖었습니다 [울부지젇씀니다]

3. '토끼의 재판' 전래동화를 읽고 문제를 풀어 봅시다.

① 괄호 안에 알맞은 말을 적어 보세요.

- (호랑이)가 구덩이에 빠져 울고 있었다.
- 선비는 호랑이의 말을 믿고 (통나무)를 구덩이에 넣어 주었다.
- 동물들은 선비가 더 (나쁘다)고 말했다.
- 재판을 지켜보던 (토끼)가 깡충깡충 뛰어왔다.
- 호랑이는 답답해하며 (구덩이)에 다시 들어가 직접 보여주겠다고 했다.

② 문장을 읽고 맞으면 ○, 틀리면 ×표시를 하세요.

- 호랑이가 구덩이에 빠져 있었다. (○)
- 구덩이에서 빠져나온 호랑이는 선비에게 고마워했다. (×)
- 선비는 지나가는 원숭이와 당나귀에게 누가 더 나쁜지를 물었다. (○)
- 상황을 지켜보던 토끼가 선비와 호랑이 일에 관심을 가졌다. (○)
- 토끼의 도움으로 선비는 살 수 있었다. (○)

4. 글에 대하여 기억나는 것이나 느낌을 이야기해 봅시다.

'두꺼비 신랑' 전래동화를 읽어 보아요

📖 **학습 목표** '두꺼비 신랑' 전래동화를 정확하게 읽어 봅시다.

※ 이렇게 지도해 주세요.

– 잘못 읽은 단어가 있는지 확인해 주세요.
– 빠뜨린 글자가 있는지 확인해 주세요.
– 추가된 글자가 있는지 확인해 주세요.
– 정확하고 빠르게 읽도록 지도해 주세요.
– 읽은 시간은 기록하도록 지도해 주세요.
– 학생 스스로 녹음하여 들을 수 있도록 지도해 주세요.

1. 네모상자 안의 내용을 읽어 봅시다.

※ 읽는 방법

– 손가락으로 글자를 가리키면서 눈으로 읽어 봅니다.
– 손가락으로 글자를 가리키면서 소리 내어 읽어 봅니다.
– 손가락을 사용하지 않고 소리 내어 읽어 봅니다.
– 충분히 연습한 후 읽은 내용을 녹음을 해 봅니다.
– 자신 있게 읽으며 시간을 기록해 봅니다.

(1) 전체 지문의 한 문단을 읽어 봅시다.

> 결혼식 날 사람들은 두꺼비의 모습을 보고 비웃었습니다. 그러자 두꺼비가 재주를 넘더니 멋진 신랑의 모습으로 변했습니다. 두 언니는 행복한 셋째 딸과 두꺼비 신랑을 시기하였습니다. 그러던 어느 날 두꺼비 신랑이 과거시험을 보러 가게 되었습니다. 집을 떠나며 신랑은 두꺼비 허물을 셋째 딸에게 주었습니다. 그리고 아무에게도 보여주지 말라고 당부했습니다.
>
> ---
>
> ◇ **어떻게 읽을까요?**
> • 비웃었습니다 [비우섣씀니다]
> • 징그럽다며 [징그럽따며]

(2) 녹음 파일을 들으면서 지문을 눈으로 읽고 확인해 봅시다.

	횟수	내용
시간을 기록해 보세요.	초	
잘못 읽은 글자가 있었나요?		
탈락한 글자가 있었나요?		
첨가한 글자가 있었나요?		

– 잘못 읽은 글자를 지문에 학생 스스로 ○표 하도록 지도해 주세요.
– 잘못 읽은 글자를 주의하여 글상자 안의 내용을 다시 한 번 읽을 수 있도록 지도해 주세요.
– 빠뜨리거나 추가된 글자가 있는지를 확인할 수 있도록 하고 지도해 주세요.

2. '두꺼비 신랑' 전래동화를 정확하게 읽어 봅시다.

두꺼비 신랑

   옛날 한 마을에 두꺼비를 아들같이 키우는 할아버지와 할머니가 살고 있었습니다.
   할아버지의 이웃집에는 세 자매가 살고 있었습니다. 첫째 딸과 둘째 딸은 두꺼비가 못생겨서 싫어했지만 셋째 딸은 두꺼비를 따뜻하게 대해 주었습니다. 두꺼비는 자신을 아껴주는 셋째 딸을 좋아했습니다. 그래서 할머니한테 셋째 딸과 결혼하겠다고 졸라댔습니다. 할머니는 옆집에 가서 부탁했습니다. 셋째 딸은 흔쾌히 승낙을 하였습니다. 그리하여 두꺼비와 셋째 딸은 결혼하였습니다.
   결혼식 날 사람들은 두꺼비의 모습을 보고 비웃었습니다. 그러자 두꺼비가 재주를 넘더니 멋진 신랑의 모습으로 변했습니다. 두 언니는 행복한 셋째 딸과 두꺼비 신랑을 시기하였습니다. 그러던 어느 날 두꺼비 신랑이 과거시험을 보러 가게 되었습니다. 집을 떠나며 신랑은 두꺼비 허물을 셋째 딸에게 주었습니다. 그리고 아무에게도 보여주지 말라고 당부했습니다. 하지만 셋째 딸은 언니들에게 허물을 보여주었습니다. 언니들은 허물이 징그럽다며 아궁이 불 속에 던져 버렸습니다.
   셋째 딸은 재로 변한 허물을 보고 엉엉 울었습니다. 두꺼비 신랑은 돌아오지 않았습니다. 셋째 딸은 신랑을 찾아 집을 떠났습니다. 개울가를 지나던 중 빨래하는 할머니를 만났습니다. 셋째 딸이 도움을 청하자 할머니는 셋째 딸에게 젓가락을 주었습니다. 두꺼비 신랑을 찾고 싶으면 개울물이 거꾸로 흐를 때 젓가락을 던지라고 하였습니다.

할머니의 말대로 물이 거꾸로 흐를 때 젓가락을 던지자 구멍이 생겼습니다. 그 구멍을 따라 내려가니 신랑이 사는 큰 기와집이 나왔습니다. 신랑은 몹시 반가웠지만 허물을 태워버려 돌아갈 수 없었습니다. 신랑은 호랑이 눈썹이 다섯 개가 있어야만 셋째 딸과 함께 살 수 있었습니다. 셋째 딸은 호랑이 눈썹을 찾으러 떠났습니다. 호랑이를 찾기 위해 산 속을 헤매던 중 커다란 호랑이를 만났습니다. 셋째 딸은 자신의 사정을 이야기 하며 흐느껴 울었습니다. 산 호랑이는 이야기를 듣고 셋째 딸을 안타깝게 생각하여 자신의 눈썹 다섯 개를 주었습니다. 셋째 딸은 호랑이가 준 눈썹 덕분에 두꺼비 신랑과 오래오래 행복하게 살 수 있었습니다.

◆ 어떻게 읽을까요?

• 싫어했지만 [시러핻찌만]   • 비웃었습니다 [비우썯씀니다]
• 멋진 [먿찐]   • 젓가락 [젇까락]
• 덕분에 [덕뿐네]

3. '두꺼비 신랑' 전래동화를 읽고 문제를 풀어 봅시다.

① 괄호 안에 알맞은 말을 적어 보세요.

- (셋째) 딸은 두꺼비와 결혼했다.
- 두꺼비 신랑은 집을 떠나며 셋째 딸에게 (허물)을 주었다.
- 할머니는 셋째 딸에게 (젓가락)을 주었다.
- 구멍을 따라가니 신랑이 사는 (큰 기와집)이 나왔다.
- 두꺼비 신랑은 호랑이 눈썹 (다섯)개가 있어야 셋째 딸과 함께 살 수 있었다.

② 문장을 읽고 맞으면 ○, 틀리면 ×표시를 하세요.

- 이웃집 첫째 딸과 둘째 딸은 두꺼비를 좋아했다. (×)
- 두꺼비는 결혼식 날 멋진 신랑으로 변신했다. (○)
- 두 언니들은 셋째 딸과 두꺼비 신랑을 시기하였다. (○)
- 셋째 딸은 언니들에게 허물을 보여주지 않았다. (×)
- 두꺼비 신랑은 과거를 보고 집으로 돌아왔다. (×)

4. 글에 대하여 기억나는 것이나 느낌을 이야기해 봅시다.

한 걸음 더 나아가기 7: 음운변동 2

1. 음운의 변동 2 (음운의 탈락/첨가)

[1] 음운의 탈락/첨가

※ 이렇게 지도해 주세요.

음운의 탈락과 첨가에 대해 설명해 주세요.
- 음운의 탈락: 발음 과정에서 한 음운이 없어지는 현상입니다. (예: 좋아 [조아])
- 음운의 첨가: 음운이 변동하는 것이 아니라 없던 음운이 새로 첨가되는 것입니다. (예: 솜+이불=솜이불 [솜니불])

(1) 종성 ㅎ이나 ㅅ이 다음 음절의 모음을 만나면 ㅎ이나 ㅅ이 탈락하게 됩니다.
   또 종성 ㄹ이 다음 음절의 초성 ㄴ을 만나면 ㄹ이 탈락하게 됩니다.

> 딸+님 → [따님] → ㄹ이 탈락
> 넣+어 → [너어] → ㅎ이 탈락
> 짓+어 → [지어] → ㅅ이 탈락

〈퀴즈〉 ① 많은 → [마는]

② '아드님' 은 어떤 단어와 단어가 합쳐진 말일까요? → [아들 + 님]

(2) 두 형태소가 결합할 때 사잇소리가 첨가되어 뒤 형태소의 첫소리가 된소리로 발음이 됩니다.

> 초+불 → (촛불) → [초뿔] → ㅅ이 첨가

〈퀴즈〉 '잇몸' 은 어떤 단어와 어떤 단어가 합쳐진 말일까요? → [이 + 몸]

(3) 알고 있는 음운 탈락/첨가가 생기는 단어를 말해 봅시다.

[2] 음운 탈락/첨가 문장을 읽어 봅시다.

(1) 아래의 글을 읽고 음운의 탈락/첨가가 된 단어에 ○표 해 보세요.

> 할머니께서 촛불을 켜놓고 바느질을 하고 계신다. 우리 할머니는 바느질을 정말 잘
> 하신다. 어렸을 때부터 장갑이나 목도리를 만들어 주시기도 하고, 내가 좋아하는 캐
> 릭터가 그려진 담요에 구멍이 났을 때도 꿰매어 주셨다. 촛불 밑에서 바느질을 하면
> 할머니 눈에 안 좋을 것 같아 형광등을 켰더니 "우리 손자가 할머니 생각도 하고 참
> 기특하네~"라며 칭찬해 주셨다.

(2) 발음 읽기

> 할머니께서 [초뿔]을 켜 놓고 [바느질]을 하고 계신다. 우리 할머니는 [바느질]을 정말
> 잘하신다. 어렸을 때부터 장갑이나 목도리를 만들어 주시기도 하고, 내가 [조아]하는
> 캐릭터가 그려진 [담뇨]에 구멍이 났을 때도 꿰매어 주셨다. [초뿔] 밑에서 바느질을
> 하면 할머니 눈에 안 [조을] 것 같아 형광등을 켰더니 "우리 손자가 할머니 생각도 하
> 고 참 기특하네~"라며 칭찬해 주셨다.

2. 사다리를 타고 만나는 주제를 재미있게 읽어 보아요.

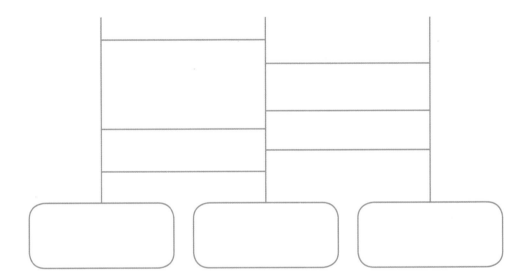

3. 잰말놀이를 재미있게 읽어 봅시다.

※ 이렇게 지도해 주세요.

1. 교사가 학생에게 시범읽기를 할 때 학생은 손가락으로 글자를 가리키면서 눈으로 읽도록 지도해 주세요.
2. 학생은 손가락으로 글자를 가리키면서 교사와 함께 읽도록 지도해 주세요.
3. 학생 스스로 손가락으로 글자를 가리키면서 천천히 읽도록 지도해 주세요.
4. 학생 스스로 읽기에 흥미를 가지면서 재미있게 읽도록 지도해 주세요. (예: 시간, 억양)

친구와 밤길을 걷다가 떨어져있는 나뭇잎을 보았는데, 내가 본 나뭇잎이 단풍나무의 나뭇잎인지 은행나무의 나뭇잎인지 잘 모르겠어서 친구에게 물어봤더니 친구는 "단풍나무의 나뭇잎이든 은행나무의 나뭇잎이든 나뭇잎은 나뭇잎이니까 그냥 나뭇잎이라고 이름을 붙이는 건 어떻겠냐?"고 했다.

'별주부전' 역할극을 읽어 보아요

📖 **학습 목표** '별주부전' 역할극을 정확하게 읽어 봅시다.

> ※ 이렇게 지도해 주세요.

- 잘못 읽은 단어가 있는지 확인해 주세요.
- 빠뜨린 글자가 있는지 확인해 주세요.
- 추가된 글자가 있는지 확인해 주세요.
- 정확하고 빠르게 읽도록 지도해 주세요.
- 읽은 시간은 기록하도록 지도해 주세요.
- 학생 스스로 녹음하여 들을 수 있도록 지도해 주세요.

1. 네모상자 안의 내용을 읽어 봅시다.

> ※ 읽는 방법

- 손가락으로 글자를 가리키면서 눈으로 읽어 봅니다.
- 손가락으로 글자를 가리키면서 소리 내어 읽어 봅니다.
- 손가락을 사용하지 않고 소리 내어 읽어 봅니다.
- 충분히 연습한 후 읽은 내용을 녹음을 해 봅니다.
- 자신 있게 읽으며 시간을 기록해 봅니다.

(1) 전체 지문의 한 문단을 읽어 봅시다.

> 용왕: 끙끙, 내가 어떻게 하면 병이 나을 수 있겠느냐?
>
> 갈치: 네, 황공합니다만 이 바다 속에서는 도저히 구할 수가 없습니다.
>
> 용왕: 그래, 어디가면 구할 수가 있는가?
>
> 갈치: 네, 육지에 있는 토끼의 간을 잡수시면 나을 수 있습니다.
>
> 용왕: 토끼의 간이라고?
>
> 갈치: 그런데 토끼는 재빠르고 꾀가 많아 잡기 힘든 짐승입니다.
>
> -
>
> ◇ 어떻게 읽을까요?
> - 많아 [마나]
> - 육지 [육찌]

(2) 녹음 파일을 들으면서 지문을 눈으로 읽고 확인해 봅시다.

	횟수	내용
시간을 기록해 보세요.	초	
잘못 읽은 글자가 있었나요?		
탈락한 글자가 있었나요?		
첨가한 글자가 있었나요?		

– 잘못 읽은 글자를 지문에 학생 스스로 ○표 지도해 주세요.

– 잘못 읽은 글자를 주의하여 글상자 안의 내용을 다시 한 번 읽을 수 있도록 지도해 주세요.

– 빠뜨리거나 추가된 글자가 있는지를 확인할 수 있도록 하고 지도해 주세요.

2. '별주부전' 역할극을 정확하게 읽어 봅시다.

별주부전

*때: 옛날 / *곳: 용궁과 육지 / *등장인물: 용왕, 토끼, 자라, 문어, 상어, 갈치, 꽃게

〈용왕님 침실〉

(갈치 의사가 용왕님을 진맥하고 있다.)

용왕: 끙끙, 내가 어떻게 하면 병이 나을 수 있겠느냐

갈치: 황공합니다만 이 바닷속에서는 도저히 약을 구할 수가 없습니다.

용왕: 그럼 어디로 가면 그 약을 구할 수 있는가

갈치: 육지에 있는 토끼의 간을 잡수시면 나을 수 있습니다.

용왕: 토끼의 간이라고

갈치: 그런데 토끼는 재빠르고 꾀가 많아 육지 사람도 잡기 힘든 짐승입니다.

용왕: 누가 나를 위해 육지로 가서 토끼를 잡아 올 수 있는가

자라: 제가 다녀오겠습니다.

용왕: 자라 대신이 토끼의 간을 구해 온다고? 오! 그대야말로 진정한 충신이구려!

자라: 반드시 꼭 토끼의 간을 구해 오겠습니다.

〈육지〉

(나무 밑에서 토끼가 자고 있다.)

자라: 저 녀석이 바로 토끼구나. (다가가서) 안녕하시오. 저는 바닷속에 사는 별주부 자라
　　　입니다. 오늘 육지에 놀러 와서 보니 참 아름답군요.

토끼: 예, 육지는 바닷속과 달리 꽃과 나무와 새들이 있어 아름답지요.

자라: 바닷속도 육지 못지않게 아름답습니다. 혹시 바닷속 용궁을 구경해 보셨습니까? (토
　　　끼의 눈치를 살피며) 혹시 원하시면 제가 안내해 드리지요.

토끼: 구경하고 싶지만 저는 헤엄을 칠 수 없어 갈 수가 없습니다.

자라: 그건 걱정 마세요. 제 등에 올라타고 가면 바닷속 어디든 갈 수 있습니다.

토끼: (놀란 표정으로) 그렇군요!

〈바닷속〉

(물고기들이 헤엄치며 지나간다. 토끼가 자라의 등에 올라타고 용궁에 들어간다.)

토끼: 우와! 꽤 괜찮은데

자라: 여기가 바로 용궁입니다. (토끼가 감탄하는 틈을 타 상어 대신이 와서 토끼를 잡아
　　　묶는다.)

토끼: 아니, 왜 이러십니까? 저는 아무 잘못도 없는데.

용왕: 미안하게 되었구나. 내가 지금 병이 들어 토끼의 간을 먹어야만 낫는다고 하니 어쩔
　　　수 없구나.

토끼: (그제야 자라에게 속은 줄 알고 능청스럽게) 아이고, 어쩌지요? 제가 오늘 아침에 간
　　　을 씻어 바위틈 깊은 곳에 두고 왔는데.

용왕: 그럼 간이 없단 말인가

토끼: 네. 자라가 진작 말했으면 가지고 왔을 텐데, 말하지 않아 그냥 왔습니다.

용왕: 그럼 자라 대신과 함께 냉큼 가서 가져오너라.

토끼: 네. 용왕님.

〈육지〉

(토끼와 자라가 육지로 올라온다.)

자라: 간이 어디에 있소? 빨리 가지고 용궁으로 갑시다.

토끼: 바보 아니야? 간을 꺼내면 죽는데 어떻게 간을 꺼내? (숲속으로 뛰어간다.)

자라: 뭐야? 그럼 거짓말인거야? (자라는 멍하니 토끼의 뒷모습만 바라본다.)

◇ 어떻게 읽을까요?

• 잡수시면 [잡쑤시면]　　• 잡기 [잡끼]　　　• 씻어 [씨서]
• 죽는데 [중는데]　　　　• 막이 [마기]

3. '별주부전' 역할극을 읽고 문제를 풀어 봅시다.

① 괄호 안에 알맞은 말을 적어 보세요.
- 토끼는 육지는 바다 속과 달리 (꽃)과 (나무)와 (새)들이 있어 아름답다고 하였다.
- 토끼는 아침에 (간)을 씻어 (바위 틈) 깊은 곳에 두고 왔다고 말했다.
- (갈치의사)가 용왕님의 손목을 짚어 보고 육지의 토끼 간을 먹으면 병이 낫는다고 하였다.
- 자라가 토끼의 간을 구해온다는 말을 듣고 용왕은 자라야말로 (충신)이라고 하였다.
- 토끼는 용궁이 구경하고 싶었지만 (헤엄)을 칠 수 없어 갈 수 없다고 말했다.

② 문장을 읽고 맞으면 ○, 틀리면 ×표시를 하세요.
- 용왕님의 병을 낫게 하기 위해서는 토끼의 간이 필요하다고 하였다. (○)
- 상어가 용왕님을 위해 토끼를 잡아오겠다고 하였다. (×)
- 토끼는 자라의 등을 타고 용궁으로 들어갔다. (○)
- 용궁에 도착한 토끼를 상어대신이 잡아 묶었다. (○)
- 토끼는 자신의 간을 씻어 바위틈 깊은 곳에 두고 왔다고 하였다. (○)

4. 글에 대하여 기억나는 것이나 느낌을 이야기해 봅시다.

역할극을 읽어 보아요

'흥부놀부전' 역할극을 읽어 보아요

📖 **학습 목표** '흥부놀부전' 역할극을 정확하게 읽어 봅시다.

> ※ 이렇게 지도해 주세요.

- 잘못 읽은 단어가 있는지 확인해 주세요.
- 빠뜨린 글자가 있는지 확인해 주세요.
- 추가된 글자가 있는지 확인해 주세요.
- 정확하고 빠르게 읽도록 지도해 주세요.
- 읽은 시간은 기록하도록 지도해 주세요.
- 학생 스스로 녹음하여 들을 수 있도록 지도해 주세요.

1. 네모상자 안의 내용을 읽어 봅시다.

> ※ 읽는 방법

- 손가락으로 글자를 가리키면서 눈으로 읽어 봅니다.
- 손가락으로 글자를 가리키면서 소리 내어 읽어 봅니다.
- 손가락을 사용하지 않고 소리 내어 읽어 봅니다.
- 충분히 연습한 후 읽은 내용을 녹음을 해 봅니다.
- 자신 있게 읽으며 시간을 기록해 봅니다.

(1) 전체 지문의 한 문단을 읽어 봅시다.

> 해설: 드디어 놀부네 지붕에도 박이 주렁주렁 열렸다. 놀부 부부가 톱질하자, 갑자기 거지들이 쏟아져 나와서 놀부네 곳간의 곡식과 살림살이를 다 가져가 버렸다. 두 번째 박에는 괴물들이 나와 기와집을 부수고, 세 번째 박을 타자 거인이 나와서 놀부 부부를 마당 구석으로 내동댕이 쳤다. 놀부 부부는 다리와 팔이 부러져 일어나지도 못했다.
>
> 놀부: 아이고……. 내 돈에 눈이 멀어 그나마 있던 재산 잃고 몸도 다치고…
>
> 놀부 아내: 그러게 왜 제비 다리는 부러뜨려 가지고. 아이고! 내가 못 살아!!
>
> ---
>
> ◆ 어떻게 읽을까요?
> - 톱질 [톱찔]　　　・곳간 [고깐]

(2) 녹음 파일을 들으면서 지문을 눈으로 읽고 확인해 봅시다.

	횟수	내용
시간을 기록해 보세요.	초	
잘못 읽은 글자가 있었나요?		
탈락한 글자가 있었나요?		
첨가한 글자가 있었나요?		

- 잘못 읽은 글자를 지문에 학생 스스로 ◯표 하도록 지도해 주세요.
- 잘못 읽은 글자를 주의하여 글상자 안의 내용을 다시 한 번 읽을 수 있도록 지도해 주세요.
- 빠뜨리거나 추가된 글자가 있는지를 확인할 수 있도록 하고 지도해 주세요.

2. '흥부놀부전' 역할극을 정확하게 읽어 봅시다.

흥부놀부전

*때: 옛날 / *곳: 시골 / *등장인물: 흥부, 흥부 아내, 놀부, 놀부 아내, 제비, 거인

〈흥부 집〉
흥부 아내: 여보, 큰집에 가서 쌀이라도 좀 얻어 와요.
흥부: (힘없는 목소리로) 알겠소. 내 다녀오리다.

〈놀부 집〉
흥부: 형님! 아이들이 못 먹어서 배가 등짝에 가 붙었어요. 밥 좀 주세요~
놀부: 야, 이놈아! 지나가는 개한테 줄 쌀은 있어도 네 놈한테 줄 쌀은 없다. 마당쇠야! 가서
　　　똥물 한바가지 퍼다가 흥부 놈한테 줘라~
흥부: (부엌으로 가면서) 엉엉~ 형수님 밥 한 주걱만 주세요~
놀부 아내: 아니, 남 줄 밥이 어딨어? (커다란 주걱으로 흥부 뺨을 친다.)
흥부: 아이고 형수님. 아이들 갖다 주게 이쪽도 마저 때려 주세요~
놀부 아내: 오냐, 주마. (또다시 주걱으로 내리친다.)
해설: 흥부가 힘없이 집으로 돌아오는데 흥부 집 마당에 다리를 다친 제비가 떨어져 있었
　　　습니다. 제비는 흥부가 정성껏 치료해 주었더니 며칠 뒤 날 수 있게 되었습니다.

제비: 고맙습니다. 이 은혜 잊지 않겠습니다.

흥부: 앞으론 다치지 말고 잘 가렴……

해설: 겨울이 지나고 따스한 봄이 되자 제비가 흥부 집 마당에 박씨를 떨어뜨리고 날아갔습니다. 흥부가 그 씨앗을 심었더니, 가을이 되자 주렁주렁 박이 열렸습니다. 흥부 가족은 박을 타기 시작했습니다. 그런데 박을 탈 때마다 박 속에서 금은보화가 쏟아져 나왔습니다. 가난했던 흥부네 집은 갑자기 부자가 되었습니다. 이 소식을 들은 놀부가 흥부네 집에 왔습니다.

놀부: 야~! 이 흥부 놈아. 거지 거지 상거지가 어찌해서 이렇게 기와집에 벼락부자가 되었는지 말해 봐라.

흥부: 아이고 형님. 그런 게 아니고요. 제비가 물어다 준 박씨 덕분이에요.

해설: 흥부는 그동안 있었던 일을 놀부에게 이야기했습니다. 욕심쟁이 놀부는 일부러 제비 다리를 뚝 부러뜨려 놓고는 다시 고쳐 주었습니다. 이듬해 봄, 제비는 박씨를 물고 놀부 집에 찾아왔습니다.

놀부: 아이고, 예쁜 우리 제비야 고맙다. (좋아서 어쩔 줄 몰라한다.)

놀부 아내: 아이고 여보. 우리도 이제 떵떵거리는 부자 되겠네요.

놀부: 그럼, 그럼, 흥부 녀석보다 몇십 배 떵떵거리는 부자가 되어야지.

해설: 드디어 놀부네 지붕에도 박이 주렁주렁 열렸습니다. 놀부 부부가 톱질을 하자 갑자기 거지들이 쏟아져 나와서 놀부네 곳간의 곡식과 살림살이를 다 가져가 버렸습니다. 두 번째 박에서는 괴물들이 나와 기와집을 부수고, 세 번째 박을 타자 거인이 나와서 놀부 부부를 마당 구석으로 내동댕이쳤습니다. 놀부 부부는 다리와 팔이 부러져 일어나지도 못했습니다.

놀부: 아이고…… 내 돈에 눈이 멀어 그나마 있던 재산 잃고, 몸도 다치고……

놀부 아내: 그러게 왜 제비 다리는 부러뜨려 가지고. 아이고, 내가 못 살아!!

해설: 이 소식을 전해 들은 흥부가 찾아와 놀부를 자기 집으로 데리고 갔습니다.

흥부: 놀부 형님! 이제 저희랑 같이 살아요.

놀부: 고맙다. 흥부야. 내가 미안하다. 이때까지 너한테 몹쓸 짓만 하였구나.

흥부: 형님, 이제 우리도 사이좋게 지내요.

놀부: 고맙다. 우릴 용서해 줘서…… 고맙다. (흥부를 얼싸안는다.)

◇ 어떻게 읽을까요?

• 곡식 [곡씨]	• 잃고 [일코]	• 못했다 [모탣따]
• 일어나지도 [이러나지도]	• 못살아 [몯싸라]	• 짓만 [진만]

3. '흥부놀부전' 역할극을 읽고 문제를 풀어 봅시다.

① 괄호 안에 알맞은 말을 적어 보세요.

- 놀부는 일부러 (제비)의 (다리)를 부러뜨렸다.
- 제비는 (박씨)를 물고 놀부 집에 왔고 이듬해 놀부네 (지붕)에는 박이 주렁주렁 열렸다.
- 흥부가 박을 탈 때 마다 박 속에서 (금은보화)가 쏟아져 나왔다.
- 흥부가 쌀을 달라하자 놀부는 마당쇠에게 (똥물)을 한바가지 퍼다 흥부에게 주라고 하였다.
- 놀부가 세 번째 박을 타자 (거인)이 나와서 놀부 부부를 마당 구석으로 내동댕이쳤다.

② 문장을 읽고 맞으면 ○, 틀리면 ×표시를 하세요.

- 놀부 아내는 흥부의 뺨을 막대기로 때렸다. (×)
- 흥부는 다리를 다친 제비를 치료해 주었다. (○)
- 흥부는 제비가 물어온 박씨를 심었더니 가을이 되어 주렁주렁 박이 열렸다. (○)
- 흥부 가족들은 박을 탈 때마다 금은보화가 쏟아졌다. (○)
- 놀부는 박을 탈 때마다 나쁜 일이 생겨 거지가 되었다. (○)

4. 글에 대하여 기억나는 것이나 느낌을 이야기해 봅시다.

'며느리 방귀' 역할극을 읽어 보아요

📖 **학습 목표** '며느리 방귀' 역할극을 정확하게 읽어 봅시다.

※ 이렇게 지도해 주세요.

– 잘못 읽은 단어가 있는지 확인해 주세요.
– 빠뜨린 글자가 있는지 확인해 주세요.
– 추가된 글자가 있는지 확인해 주세요.
– 정확하고 빠르게 읽도록 지도해 주세요.
– 읽은 시간은 기록하도록 지도해 주세요.
– 학생 스스로 녹음하여 들을 수 있도록 지도해 주세요.

1. 네모상자 안의 내용을 읽어 봅시다.

※ 읽는 방법

– 손가락으로 글자를 가리키면서 눈으로 읽어 봅니다.
– 손가락으로 글자를 가리키면서 소리 내어 읽어 봅니다.
– 손가락을 사용하지 않고 소리 내어 읽어 봅니다.
– 충분히 연습한 후 읽은 내용을 녹음을 해 봅니다.
– 자신 있게 읽으며 시간을 기록해 봅니다.

(1) 전체 지문의 한 문단을 읽어 봅시다.

> 해   설: 옛날 옛적에 어떤 집에 아들이 장가를 가서 새 며느리가 들어왔대. 그런데 이 며
> 느리의 얼굴이 점점 야위어 가고 얼굴색도 노랗게 되는거야.
>
> 시어머니: 애야, 무슨 걱정이라도 있는 게냐? 불편한 점이 있다면 다 말해 보려무나.
>
> 며 느 리: 제가 원래 방귀를 많이 뀌는데 시집와서 방귀를 억지로 참다보니 배가 살살 아
> 프고 병이 된 것 같아요.
>
> ---
> ◆ **어떻게 읽을까요?**
> • 옛날 [옌날]
> • 옛적 [옏쩍]

(2) 녹음 파일을 들으면서 지문을 눈으로 읽고 확인해 봅시다.

	횟수	내용
시간을 기록해 보세요.	초	
잘못 읽은 글자가 있었나요?		
탈락한 글자가 있었나요?		
첨가한 글자가 있었나요?		

– 잘못 읽은 글자를 지문에 학생 스스로 ○표 하도록 지도해 주세요.
– 잘못 읽은 글자를 주의하여 글상자 안의 내용을 다시 한 번 읽을 수 있도록 지도해 주세요.
– 빠뜨리거나 추가된 글자가 있는지를 확인할 수 있도록 하고 지도해 주세요.

2. '며느리 방귀' 역할극을 정확하게 읽어 봅시다.

며느리 방귀

*때: 옛날 / *곳: 시골 / *등장인물: 며느리, 시어머니, 시아버지, 남편

해   설: 옛날 옛적에 어떤 집에 아들이 장가를 가서 새 며느리가 들어왔대. 그런데 이 며
　　　　　느리의 얼굴이 점점 야위어 가고 얼굴색도 노랗게 되는 거야.

시어머니: 애야, 무슨 걱정이라도 있는 게냐? 불편한 점이 있다면 다 말해 보려무나.

며 느 리: 제가 원래 방귀를 많이 뀌는데 시집와서 방귀를 억지로 참다보니 배가 살살 아
　　　　　프고 병이 된 것 같아요.

시어머니: 그게 무슨 걱정이니? 이제 우린 한 가족인데 마음 놓고 방귀를 뀌려무나.

며 느 리: 그럼 이제 마음 놓고 방귀를 뀌겠습니다. 어머니, 제가 지금부터 방귀를 뀔 터이
　　　　　니 남편과 시아버지를 불러주세요.

해   설: 시어머니는 방귀를 뀌는데 왜 가족들이 다 모여야 하는지 의아했지만 며느리가
　　　　　말한 대로 가족들을 불러 모았어.

시어머니: 애야, 이제 다 모였단다.

시아버지: 무슨 일이니, 새아가야. 내 너가 부른다하여 바삐 뛰어왔단다.

남   편: 무슨 일이오. 걱정이 되어 한달음에 달려왔소.

며 느 리: 제가 지금부터 방귀를 뀔 터이니 아버님은 문고리를 붙들고 계시고, 어머님은 솥뚜껑을 누르고 계셔요. 서방님은 마루 밑에 돌을 밟고 계셔야합니다.

해　　설: 가족들은 의아해하며 며느리가 시키는 대로 하였단다. 드디어 며느리가 방귀를 뀌었고 순식간에 난리가 났지! 문고리를 붙들고 있던 시아버지는 문짝과 함께 날아가고, 솥뚜껑을 누르고 있던 시어머니는 하늘로 높이 솟았다가 떨어졌어. 마루 밑에 놓은 돌은 들썩거려 남편은 마당에 나뒹굴었지.

며 느 리: 아이고, 속이 시원하네요. 감사합니다.

시어머니: 얘야, 너를 계속 이 집에 두었다가는 식구들이 다치고 집이 남아나질 않겠구나. 정말 슬프지만 친정집으로 돌아가 있으렴.

해　　설: 며느리가 방귀를 몇 번 더 뀌었다가는 집도 사람도 날아가 버릴까 걱정이 된 시어머니와 시아버지는 고민 끝에 며느리를 친정집으로 보내기로 했어. 며느리가 친정집으로 돌아가는 날, 온가족이 며느리를 보내려 함께 가고 있었어. 한참을 걷다가 어느 감나무 그늘에서 쉬었다 가기로 했대. 모두 배가 고파서 잘 익은 감이 먹고 싶었지. 하지만 감나무가 너무 높아서 감을 딸 수가 없었지 뭐야.

남　　편: 아이고, 배고파라. 저 감나무 위 빨간 감을 딱 하나 먹고 싶은데 나무가 너무 높아 도저히 감을 딸 수가 없구나.

시아버지: 아이고, 저 감 하나 먹으면 소원이 없을 텐데.

해　　설: 그때 며느리가 말했어.

며 느 리: 아버님, 서방님, 제가 해볼게요.

해　　설: 며느리는 감나무에다 대고 크게 방귀를 뀌었어. 방귀 바람이 어찌나 센지 감이 모두 떨어져 버렸단다!

시아버지: 아이고, 우리 며느리 방귀 덕분에 맛있는 감을 잔뜩 먹게 되었구나. 고맙다 얘야.

시어머니: 아이고, 우리 며느리 방귀 쓸 데가 참 많구나.

남　　편: 친정집에서 살 지 말고 다시 집으로 가서 함께 삽시다.

해　　설: 네 사람은 껄껄 웃으며 집으로 돌아갔단다. 그 집에서는 두고두고 웃음이 그칠 줄을 몰랐지.

◇ 어떻게 읽을까요?

- 들어왔대 [드러왈때]　　• 노랗게 [노라케]　　• 원래 [월래]
- 놓고 [노코]　　• 밟고 [밥꼬]　　• 솟았다가 [소삳따가]

3. '며느리 방귀' 역할극을 읽고 문제를 풀어 봅시다.

① 괄호 안에 알맞은 말을 적어 보세요.

- 어떤 집에 아들이 (장가)를 가서 새 며느리가 들어왔다.
- 시어머니는 방귀를 못 뀌어 걱정인 며느리에게 우린 한 (가족)이니 마음 놓고 방귀를 뀌라고 말해 주었다.
- 며느리는 방귀를 뀌면서 시아버지는 (문고리)를 붙들고 있고, 시어머니는 (솥뚜껑)을 누르고 있으라고 하였다.
- 며느리와 남편, 시아버지와 시어머니는 가다가 어느 (감)나무 그늘에서 쉬었다. 모두 배가 고파서 잘 익은 (감)이 먹고 싶었다.
- 며느리가 돌아온 집에는 두고두고 (웃음)이 그칠 줄을 몰랐다.

② 문장을 읽고 맞으면 ○, 틀리면 ×표시를 하세요.

- 며느리는 코를 못 풀어서 얼굴이 점점 야위어갔다. (×)
- 며느리는 원래 방귀를 거의 뀌지 않았다. (×)
- 며느리를 친정집으로 보내는 길에 남편만 따라나섰다. (×)
- 며느리의 방귀로 감나무의 감이 모두 떨어졌다. (○)
- 시어머니는 며느리에게 마음 놓고 방귀를 뀌라고 말했다. (○)

4. 글에 대하여 기억나는 것이나 느낌을 이야기해 봅시다.

한 걸음 더 나아가기 8: 끝소리 규칙 3

1. 음절의 끝소리 규칙 3 (겹받침 1)

[1] 겹받침이 음절의 끝소리에 올 때 규칙에 대해서 알아봅시다.

> ※ 이렇게 지도해 주세요.
>
> • 지난 시간 배운 〈음절의 끝소리 규칙1, 2〉의 내용을 복습하도록 지도해 주세요.
> • 겹받침이란? 'ㄳ','ㄵ','ㄶ','ㄼ','ㄽ','ㄾ','ㅀ','ㅄ','ㄺ','ㄻ','ㄿ'
> • 겹받침은 앞 받침이 소리가 나는 것을 원칙으로 합니다.
> • 뒷받침이 소리가 나는 예외가 있습니다. (예: 'ㄺ','ㄿ')
> • 상황에 따라 발음 소리가 달라지는 경우가 있습니다. (예: 'ㄺ','ㄼ')
> • 이번시간에 배울 앞 받침이 소리 나는 겹받침의 종류에 대해 알 수 있게 지도합니다.

(1) 앞 받침이 소리가 나는 겹받침: 'ㄳ' 'ㄵ' 'ㄶ' 'ㄽ' 'ㄾ' 'ㅀ' 'ㅄ'

```
                        〈예시〉
                   삯 → [ 삭 ]
                   앉 → [ 안 ]
                   끊 → [ 끈 ]
                   곬 → [ 골 ]
                   핥 → [ 할 ]
                   훑 → [ 훌 ]
                   값 → [ 갑 ]
```

〈퀴즈〉 앞 받침소리가 나지 <u>않는</u> 음절을 골라 봅시다. (④)

  ① 몫   ② 앉   ③ 핥   ④ 삶

〈퀴즈〉 앞 받침소리가 나지 <u>않는</u> 음절을 골라 봅시다. (②)

  ① 앉   ② 앎   ③ 훑   ④ 넋

(2) 알고 있는 앞 받침소리가 나는 겹받침 글자를 말해 봅시다.

[2] 앞 받침이 소리가 나는 겹받침이 있는 음절을 찾아서 색칠하여 봅시다.

삯	옮	곬
삶	앉	읊
핥	닮	끊

2. 사다리를 타고 만나는 주제를 재미있게 읽어 보아요.

학생이 사다리를 완성할 수 있도록 지도해 주세요.
– 학생이 스스로 주제를 선택할 수 있도록 지도해 주세요. (예: 노래가사, 광고, 기사 등)
– 흥미를 가지고 읽을 수 있도록 지도해 주세요.

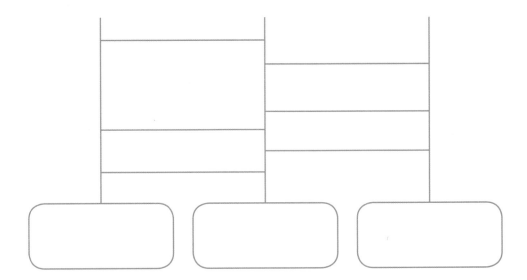

3. 잰말놀이를 재미있게 읽어 봅시다.

※ 이렇게 지도해 주세요.

– 교사가 학생에게 시범읽기를 할 때 학생은 손가락으로 글자를 가리키면서 눈으로 읽도록 지도해 주세요.
– 학생은 손가락으로 글자를 가리키면서 교사와 함께 읽도록 지도해 주세요.
– 학생 스스로 손가락으로 글자를 가리키면서 천천히 읽도록 지도해 주세요.
– 학생 스스로 읽기에 흥미를 가지면서 재미있게 읽도록 지도해 주세요. (예: 시간, 억양)

쓱싹쓱싹 멍멍 쑥덕쑥덕 쫑쫑 글썽글썽 찍찍 덜컹덜컹 냠냠 꿀꺽꿀꺽 멍멍 뛰뛰빵
빵 똑똑 싹둑싹둑 맴맴 딸랑딸랑 씩씩 모락모락 쿵쿵
부릉부릉 슬슬 뒤뚱뒤뚱 꽥꽥 길쭉길쭉 콜콜 넘실넘실 씽씽

뉴스를 읽어 보아요

'플라스틱으로 인한 해양오염' 뉴스를 읽어 보아요

📖 **학습 목표** '플라스틱으로 인한 해양오염' 뉴스를 정확하게 읽어 봅시다.

> ※ 이렇게 지도해 주세요.

- 잘못 읽은 단어가 있는지 확인해 주세요.
- 빠뜨린 글자가 있는지 확인해 주세요.
- 추가된 글자가 있는지 확인해 주세요.
- 정확하고 빠르게 읽도록 지도해 주세요.
- 읽은 시간은 기록하도록 지도해 주세요.
- 학생 스스로 녹음하여 들을 수 있도록 지도해 주세요.

1. 네모상자 안의 내용을 읽어 봅시다.

> ※ 읽는 방법

- 손가락으로 글자를 가리키면서 눈으로 읽어 봅니다.
- 손가락으로 글자를 가리키면서 소리 내어 읽어 봅니다.
- 손가락을 사용하지 않고 소리 내어 읽어 봅니다.
- 충분히 연습한 후 읽은 내용을 녹음을 해 봅니다.
- 자신 있게 읽으며 시간을 기록해 봅니다.

(1) 전체 지문의 한 문단을 읽어 봅시다.

> 호주대학 연구진: "실제로 쓰레기가 유독 많은 태평양 중앙의 플라스틱 섬이라고 알려진 영역에는 동물이 거의 살지 않고 있습니다. 또한 호주 남쪽 바다와 같이 플라스틱 쓰레기가 꽤 많이 발견되는 지역에 사는 해양 생물들 10마리 중 8마리 정도는 뱃속에 플라스틱이 들어 있습니다. 그리고 새들의 낙원이라고 불리는 태평양의 미드웨이 섬에도 새들이 죽어가기 시작했는데 죽은 새들의 뱃속에서 나온 건 인간이 버린 플라스틱 쓰레기들이었습니다."
>
> ◆ **어떻게 읽을까요?**
> • 않고 [안코]   • 많이 [마니]

(2) 녹음 파일을 들으면서 지문을 눈으로 읽고 확인해 봅시다.

	횟수	내용
시간을 기록해 보세요.	초	
잘못 읽은 글자가 있었나요?		
탈락한 글자가 있었나요?		
첨가한 글자가 있었나요?		

－ 잘못 읽은 글자를 지문에 학생 스스로 ○표 하도록 지도해 주세요.
－ 잘못 읽은 글자를 주의하여 글상자 안의 내용을 다시 한 번 읽을 수 있도록 지도해 주세요.
－ 빠뜨리거나 추가된 글자가 있는지를 확인할 수 있도록 하고 지도해 주세요.

2. '플라스틱으로 인한 해양오염' 뉴스를 정확하게 읽어 봅시다.

플라스틱으로 인한 해양오염

〈앵커 멘트〉

한반도의 6배에 달하는 거대한 섬이 태평양 하와이 인근 바다에 나타났다고 합니다. 세계지도 어디서도 찾아볼 수 없는 플라스틱 쓰레기로 이루어진 섬이라고 합니다. 이런 거대한 플라스틱 섬이 태평양에만 5개 정도가 떠다닌다고 합니다. 최근에는 지구의 몇 안 남은 청정지대인 북극해에서도 발견이 되었다고 합니다. 그럼 자세한 내용을 보니 리포터가 전하겠습니다.

〈리포터〉

한국어가 들어간 라면봉지가 일본 앞바다에서 발견이 되고, 서해와 제주 해안에서 중국어가 쓰여 있는 페트병 쓰레기를 보는 것은 흔한 일입니다. 우리가 무심코 버린 일회용품 플라스틱 쓰레기가 바다나 그 주변에 사는 생물의 목숨을 위협하고 있습니다.

오세아니아의 가장 큰 섬인 호주에서 바다생물의 건강에 대한 조사를 했습니다. 1960년부터 2010년까지 호주 남동쪽 바다에 사는 바다생물 200여종의 뱃속을 조사한 결과 약 60% 정도의 플라스틱 쓰레기가 발견됐습니다. 조사가 시작된 1960년대엔 플라스틱 쓰레기 발견 비율이 5%에 불과했지만 2010년도에는 80%까지 도달했다고 합니다. 이러한 상황이 계

속된다면 2050년에는 플라스틱을 먹은 해양조류의 비율이 99%가 될 거라고 전문가들이 예상합니다.

바다 근처에서 서식하는 동물과 해양생물들은 쓰레기를 먹이로 착각하여 삼키는 일이 점점 많아지고 있다고 합니다. 바다로 가는 플라스틱 쓰레기의 양이 점점 증가하고 있기 때문입니다.

〈인터뷰〉

호주대학 연구진: "실제로 쓰레기가 유독 많은 태평양 중앙의 플라스틱 섬이라고 알려진 영역에는 동물이 거의 살지 않고 있습니다. 또한 호주 남쪽 바다와 같이 플라스틱 쓰레기가 꽤 많이 발견되는 지역에 사는 해양 생물들 10마리 중 8마리 정도는 뱃속에 플라스틱이 들어 있습니다. 그리고 새들의 낙원이라고 불리는 태평양의 미드웨이 섬에도 새들이 죽어가기 시작했는데 죽은 새들의 뱃속에서 나온 건 인간이 버린 플라스틱 쓰레기들이었습니다."

〈리포터〉

현재 미드웨이 섬은 플라스틱 쓰레기로 만들어진 태평양의 거대한 쓰레기장 같은 모습을 하고 있다고 합니다.

우리나라 뿐 아니라 전 세계 공장에서는 날마다 막대한 양의 플라스틱 제품이 쏟아져 나옵니다. 대부분의 플라스틱은 분해되지 않고, 땅 밑과 바다 속에서 매우 작은 미세 플라스틱으로 바뀌어 바다 밑에 존재하고 있다고 합니다. 문제는 바다 생물들이 이를 먹이로 오인하여 미세 플라스틱을 삼킨 것이 인간에게까지 해를 끼칠 수 있다는 사실입니다. 이 문제를 위해 전 세계 화학업계 리더들은 세계 경제 회의에서 플라스틱 포장재 소재개선과 재활용 비율 등 다양한 각도로 논의하고 연구하고 있다고 합니다.

◇ 어떻게 읽을까요?
• 북극해 [북끄캐]   • 앞바다 [압빠다]   • 서식하다 [서시카다]
• 각도 [각또]   • 않고 [안코]

3. '플라스틱으로 인한 해양오염' 글을 읽고 문제를 풀어 봅시다.

① 괄호 안에 알맞은 말을 적어 보세요.

- 세계지도에도 없고 최근 태평양 근처 바다에서 자주 발견되는 이 섬은 무엇으로 이루어져 있을까요? (플라스틱)
- 바다 근처에 서식하는 해양생물들에게 쓰레기 섬이 문제가 되는 이유는 무엇인가요? (목숨을 위협함)
- 미드웨이 섬의 죽은 새 뱃속에는 무엇이 있었을까요? (플라스틱)
- 대부분의 플라스틱은 분해가 되지 않고 어떻게 되나요? (바다 밑에 존재함)
- 전 세계 화학업계 리더들은 플라스틱 문제를 해결하기 위해 어떤 논의를 하였나요? (소재개선, 재활용 비율)

② 문장을 읽고 맞으면 ○, 틀리면 ×표시를 하세요.

- 태평양에 한반도 보다 큰 플라스틱 쓰레기로 이루어진 섬이 있다. (○)
- 바다 근처에 서식하는 해양생물들은 플라스틱 쓰레기를 먹지 않는다. (×)
- 해양생물들이 플라스틱 쓰레기를 먹이로 착각하여 먹는다. (○)
- 미드웨이 섬의 죽은 새 뱃속에는 새우로 가득했다. (×)
- 바다생물들이 미세플라스틱을 삼킨 것이 인간에게 해를 끼칠 수 있다. (○)

4. 글에 대하여 기억나는 것이나 느낌을 이야기해 봅시다.

'어린이 교통사고' 뉴스를 읽어 보아요

📖 **학습 목표** '어린이 교통사고' 뉴스를 정확하게 읽어 봅시다.

※ 이렇게 지도해 주세요.

– 잘못 읽은 단어가 있는지 확인해 주세요.
– 빠뜨린 글자가 있는지 확인해 주세요.
– 추가된 글자가 있는지 확인해 주세요.
– 정확하고 빠르게 읽도록 지도해 주세요.
– 읽은 시간은 기록하도록 지도해 주세요.
– 학생 스스로 녹음하여 들을 수 있도록 지도해 주세요.

1. 네모상자 안의 내용을 읽어 봅시다.

※ 읽는 방법

– 손가락으로 글자를 가리키면서 눈으로 읽어 봅니다.
– 손가락으로 글자를 가리키면서 소리 내어 읽어 봅니다.
– 손가락을 사용하지 않고 소리 내어 읽어 봅니다.
– 충분히 연습한 후 읽은 내용을 녹음을 해 봅니다.
– 자신 있게 읽으며 시간을 기록해 봅니다.

(1) 전체 지문의 한 문단을 읽어 봅시다.

> 어린이 통학버스로 인한 교통사고 예방교육도 필요합니다. 어린이 통학버스는 어린이를 교육대상으로 하는 시설에서 어린이의 통학에 이용되는 자동차를 말합니다. 어린이 통학버스 운전자는 출발하기 전에 어린이들이 안전벨트를 착용할 수 있도록 지도를 해야 합니다. 어린이를 태우거나 내릴 때에는 차가 완전히 정차를 했을 때 문을 열어야 하며 어린이가 타거나 내릴 때 어린이가 안전하게 승하차를 할 수 있도록 안전을 확인해야 합니다.
>
> -
>
> ◇ **어떻게 읽을까요?**
> • 착용 [차굥]
> • 확인 [화긴]

(2) 녹음 파일을 들으면서 지문을 눈으로 읽고 확인해 봅시다.

	횟수	내용
시간을 기록해 보세요.	초	
잘못 읽은 글자가 있었나요?		
탈락한 글자가 있었나요?		
첨가한 글자가 있었나요?		

– 잘못 읽은 글자를 지문에 학생 스스로 ○표 하도록 지도해 주세요.
– 잘못 읽은 글자를 주의하여 글상자 안의 내용을 다시 한 번 읽을 수 있도록 지도해 주세요.
– 빠뜨리거나 추가된 글자가 있는지를 확인할 수 있도록 하고 지도해 주세요.

2. '어린이 교통사고' 뉴스를 정확하게 읽어 봅시다.

어린이 교통사고

〈앵커〉

　해마다 어린이집, 유치원, 초등학교 앞에서 어린이가 자동차에 치여 부상을 당하거나 사망하기도 합니다. 도로교통공단에 따르면 1년에 약 만 이천여 건의 어린이 교통사고가 발생하고 약 만사천여명이 교통사고로 인하여 부상을 당한다고 합니다. 어린이 교통사고는 어린이가 보행 중에 자동차에 치여 발생하는 형태가 가장 많았습니다. 이러한 교통사고는 주로 하교시간대인 오후 4시에서 6시 사이에 많이 발생하였다고 합니다. 자녀를 둔 가정에서는 어린이 교통사고 예방법을 배워 교통규칙 몇 가지만이라도 잘 지킨다면 사전에 교통사고를 예방할 수 있습니다. 그러면 자세한 내용을 하니 기자가 전하겠습니다.

〈기자〉

　네, 앞서 언급했듯이 어린이 교통사고는 주로 보행 중에 많이 발생하였습니다. 이것은 어린이는 신체적으로 키가 작고 성인에 비해 시야가 좁기 때문에 위험한 상황을 알아채는 능력이 떨어집니다. 또한 어린이는 자신이 관심을 가지고 있는 것에만 집중하는 특징이 있어 사고유발 가능성이 높은 것으로 나타났습니다.

어린이 교통사고는 보행 중에 가장 많이 발생을 하는데요. 보행 중 일어날 수 있는 교통사고를 예방하기 위해서는 먼저 차도를 다니지 않고 인도로 다니는 것이 안전합니다. 또 골목길에서 넓은 도로로 나올 때는 멈춰 서서 주변을 확인하고 차가 오는지 안 오는지를 확인하고 이동을 해야 합니다. 또한 비가 오는 날에는 우산을 숙여 쓰면 시야를 가리기 때문에 바르게 쓰는 것이 중요하며 밝은 색깔의 옷을 입어서 운전자로 하여금 눈에 잘 띄게 함으로써 안전하게 다닐 수 있습니다. 횡단보도를 건널 때는 녹색불이 되었다고 바로 횡단보도로 건너지 말고 자동차가 완전히 정차한 것을 확인하고 횡단보도를 건너야 합니다. 키가 작은 어린이들은 횡단보도를 건널 때 오른손을 들고 건너는 것이 운전자로 하여금 어린이의 위치를 알 수 있기 때문에 더욱 안전하게 횡단보도를 건널 수 있습니다.

또한 어린이 통학버스로 인한 교통사고 예방교육도 필요합니다. 어린이 통학버스는 어린이를 교육대상으로 하는 시설에서 어린이의 통학에 이용되는 자동차를 말합니다. 어린이 통학버스 운전자는 출발하기 전에 어린이들이 안전벨트를 착용할 수 있도록 지도를 해야 합니다. 어린이를 태우거나 내릴 때에는 차가 완전히 정차를 했을 때 문을 열어야 하며 어린이가 타거나 내릴 때 어린이가 안전하게 승하차를 할 수 있도록 안전을 확인해야 합니다. 어린이 스스로도 통학버스를 이용할 때는 탑승시간 5분 전에 도착하여 준비해야 하며 버스가 도착을 하고 차가 완전히 멈출 때까지 기다려야 합니다. 버스 안에서는 항상 안전벨트를 착용하여 이동 중 사고가 나지 않도록 합니다.

이렇게 어린이뿐만 아니라 관련된 어린이 통학버스 운전자 및 인솔자 그리고 자동차 운전자까지 조심하고 조금만 더 관심을 가진다면 어린이 교통사고는 줄어들 것입니다.

◇ 어떻게 읽을까요?
- 예방법 [예방뻡]
- 발생 [발쌩]
- 탑승 [탑씅]
- 착용 [차콩]
- 골목길 [골목낄]

3. '어린이 교통사고' 뉴스를 읽고 문제를 풀어 봅시다.

① 괄호 안에 알맞은 말을 적어 보세요.

- 교통사고는 주로 어떤 시간에 발생을 많이 하나요? (하교시간(4−6시))
- 비가 오는 날은 교통사고의 예방을 위해 어떤 옷을 입는 것이 좋나요? (밝은 색깔의 옷)
- 키가 작은 어린이들은 길을 건널 때 잘 보이도록 어떻게 하는 것이 좋나요? (손을 들고 건넌다.)
- 통학버스에 탈 때 안전을 위해 꼭 착용해야하는 것은 무엇인가요? (안전벨트)
- 차에서 내릴 때는 차가 어떤 상태일 때 내려야 하나요? (멈추고(정차하고))

② 문장을 읽고 맞으면 ○, 틀리면 ×표시를 하세요.

- 등교시간인 8시에서 9시 사이에 어린이 교통사고가 많이 발생한다. (×)
- 어린이 교통사고는 보행 중에 많이 발생한다. (○)
- 횡단보도를 건너기 전 자동차가 완전히 정차한 것을 확인하고 건너야 한다.(○)
- 인솔자가 있는 버스 안에서 안전벨트 착용하지 않아도 된다. (×)
- 어린이 통학버스 운전자는 차가 완전히 정차했을 때 문을 열어야 한다. (○)

4. 글에 대하여 기억나는 것이나 느낌을 이야기해 봅시다.

'강원도 여름축제 활성화' 뉴스를 읽어 보아요

📖 **학습 목표** '강원도 여름축제 활성화' 뉴스를 정확하게 읽어 봅시다.

※ 이렇게 지도해 주세요.

- 잘못 읽은 단어가 있는지 확인해 주세요.
- 빠뜨린 글자가 있는지 확인해 주세요.
- 추가된 글자가 있는지 확인해 주세요.
- 정확하고 빠르게 읽도록 지도해 주세요.
- 읽은 시간은 기록하도록 지도해 주세요.
- 학생 스스로 녹음하여 들을 수 있도록 지도해 주세요.

1. 네모상자 안의 내용을 읽어 봅시다.

※ 읽는 방법

- 손가락으로 글자를 가리키면서 눈으로 읽어 봅니다.
- 손가락으로 글자를 가리키면서 소리 내어 읽어 봅니다.
- 손가락을 사용하지 않고 소리 내어 읽어 봅니다.
- 충분히 연습한 후 읽은 내용을 녹음을 해 봅니다.
- 자신 있게 읽으며 시간을 기록해 봅니다.

(1) 전체 지문의 한 문단을 읽어 봅시다.

> 자치단체들이 겨울축제에 비해 소외됐던 여름축제를 활성화하기 위해 총력을 기울이고 있습니다. 횡성군은 오는 11일 개막을 앞둔 횡성 둔내 고랭지 토마토축제 지원 예산을 50% 늘렸습니다. 태백시도 태백 발원지 축제의 대회장소를 확대하고 프로그램을 추가하는 등 행사 지원에 나섰습니다. 전문가들은 단순한 외형 늘리기 보다는 건전한 프로그램 발굴과 숙박시설 등 관광객을 위한 시설개선도 중요하다고 강조합니다.
>
> ◈ **어떻게 읽을까요?**
> - 확대 [확때]
> - 축제 [축쩨]

(2) 녹음 파일을 들으면서 지문을 눈으로 읽고 확인해 봅시다.

	횟수	내용
시간을 기록해 보세요.	초	
잘못 읽은 글자가 있었나요?		
탈락한 글자가 있었나요?		
첨가한 글자가 있었나요?		

– 잘못 읽은 글자를 지문에 학생 스스로 ◯표 지도해 주세요.
– 잘못 읽은 글자를 주의하여 글상자 안의 내용을 다시 한 번 읽을 수 있도록 지도해 주세요.
– 빠뜨리거나 추가된 글자가 있는지를 확인할 수 있도록 하고 지도해 주세요.

2. '강원도 여름축제 활성화' 뉴스를 정확하게 읽어 봅시다.

강원도 여름축제 활성화

〈앵커〉

　화천 산천어와 태백산 눈축제, 평창 송어축제 등 강원도의 겨울축제는 전국적으로 유명합니다. 하지만 강원도에서 여름축제는 대표적으로 내세울 게 없는 게 현실인데요. 여름축제 활성화를 위한 다양한 대책을 찾고 있습니다. 리포터에게 연결해 보겠습니다.

〈리포터〉

　30도가 훌쩍 넘는 태양 아래 아이들이 정겹게 물놀이를 즐기고 있습니다. 하천을 임시로 막아 만든 개울에서 카누도 타고, 시원한 물에 발을 담그고 음식도 함께 나눕니다. 지난해까지 관광객 유치에 실패해 골머리를 앓았던 영월 여름축제장의 모습입니다. 영월지역 대표 여름축제인 영월 동강축제는 올해부터 예전 명칭인 동강뗏목축제로 이름을 다시 바꾸었습니다. 그리고 이를 홍보하여 관광객 유치에 나섰습니다. 올해 동강뗏목축제를 찾은 관광객은 25만여 명으로, 지난해 보다 두 배 이상 늘었습니다. 다양한 이벤트와 체험 프로그램, 시설 확충 등으로 관광객 유치에 성공했다는 분석입니다.

〈인터뷰〉

"저희 나름대로 대단히 고무적으로 받아들이고 있고요. 강원도에 이런 청정자연을 배경으로 하는 축제가 많은 분들에게 호응을 얻고 있다고 느낍니다."

〈리포터〉

자치단체들이 겨울축제에 비해 소외됐던 여름축제를 활성화하기 위해 총력을 기울이고 있습니다. 횡성군은 오는 11일 개막을 앞둔 횡성 둔내 고랭지 토마토축제 지원 예산을 50% 늘렸습니다. 태백시도 태백 발원지 축제의 대회장소를 확대하고 프로그램을 추가하는 등 행사 지원에 나섰습니다. 전문가들은 단순한 외형 늘리기 보다는 건전한 프로그램 발굴과 숙박시설 확충으로 관광객을 위한 시설개선도 중요하다고 강조합니다.

〈인터뷰〉

"다양한 세대에서 원하는 바를 이루어 주고, 유행을 잘 반영하며, 매년 열릴 수 있는 축제로 거듭날 필요가 있다고 생각합니다."

〈리포터〉

동해안과 일부 산간계곡에 치우친 여름철 강원 관광 사업이 여름축제 활성화로 변화에 성공할 수 있을지 주목됩니다.

◆ 어떻게 읽을까요?

- 축제 [축쩨]
- 햇살 [해쌀/핻쌀]
- 앓다 [알타]
- 숙박시설 [숙빡시설]
- 관광 [관광]
- 확대 [확때]

3. '강원도 여름축제 활성화' 뉴스를 읽고 문제를 풀어 봅시다.

① 괄호 안에 알맞은 말을 적어 보세요.
- 영월지역 대표 여름축제인 여름 동강축제는 올해 이름을 어떻게 바꾸었을까요? (동강뗏목축제)
- 강원도의 자치단체들이 활성화를 위해 총력을 기울이는 것은 무엇인가요? (여름축제)
- 횡성 둔내 고랭지에 열리는 축제의 이름은 무엇인가요? (횡성 둔내 고랭지 토마토축제)
- 전문가들이 축제 활성화를 위해 강조한 것은 무엇인가요? (시설개선)
- 뉴스에 나온 강원도 여름축제 중 한 가지 이상의 축제 이름을 말해 보세요. (동강뗏목축제, 횡성 둔내 고랭지 토마토 축제, 태백 발원지 축제 등)

② 문장을 읽고 맞으면 ○, 틀리면 ×표시를 하세요.
- 화천 산천어와 태백산 눈축제, 평창 송어축제는 강원도의 유명한 여름축제이다. (○)
- 영월지역 대표 여름축제인 영월 동강축제는 올해부터 예전 명칭인 동강뗏목축제로 이름을 다시 바꾸었다. (○)
- 올해 동강뗏목축제를 찾은 관광객은 15만여 명이었다. (×)
- 횡성군은 횡성 둔내 고랭지 토마토축제 지원 예산을 50% 늘렸다. (○)
- 태백시는 태백 발원지 축제의 대회장소를 축소하였다. (×)

4. 글에 대하여 기억나는 것이나 느낌을 이야기해 봅시다.

한 걸음 더 나아가기 9: 끝소리 규칙 4

1. 음절의 끝소리 규칙 4 (겹받침 2)

[1] 겹받침 소리규칙의 예외에 대하여 알아봅시다.

※ 이렇게 지도해 주세요.

- 겹받침이란? 'ㄳ', 'ㄵ', 'ㄶ', 'ㄼ', 'ㄺ', 'ㄾ', 'ㄽ', 'ㅄ', 'ㄿ', 'ㄻ', 'ㄿ'
- 겹받침은 앞 받침이 소리가 나는 것을 원칙으로 합니다.
- 뒷받침이 소리가 나는 예외가 있습니다. (예: 'ㄻ', 'ㄿ')
- 상황에 따라 발음 소리가 달라지는 경우가 있습니다. (예: 'ㄺ', 'ㄼ')
- 이번시간에 겹받침 소리규칙의 예외경우에 대해 알 수 있도록 지도합니다.

(1) 뒷받침이 소리가 나는 겹받침: 'ㄻ' 'ㄿ'

-------------------- 〈예시〉 --------------------
삶 → [삼]

읊 → [읍] (* ㅍ소리가 음절의 끝소리규칙으로 ㅂ소리로 변함)

〈퀴즈〉 뒷 받침소리가 나지 않는 음절을 골라 봅시다. (④)

① 삶   ② 닭   ③ 읊   ④ 긁

(2) 상황에 따라 발음 소리가 달라지는 겹받침: 'ㄺ' 'ㄼ'

--------------------- ⟨ 'ㄺ' 예시 ⟩ ---------------------
닭 → [닥] ('ㄺ'은 대부분 'ㄱ'으로 소리 남)
읽고 → [일꼬] ('ㄺ'은 ㄱ 앞에서는 'ㄹ'로 소리 남)

⟨퀴즈⟩ 'ㄺ'이 'ㄱ'으로 소리가 나지 않는 음절을 골라 봅시다. (③)

① 맑다   ② 맑지   ③ 맑게   ④ 읽다

--------------------- ⟨ 'ㄼ' 예시 ⟩ ---------------------
여덟 → [여덜] ('ㄼ'은 대부분 'ㄹ'으로 소리 남)
밟다 → [밥따] (밟+자음은 'ㅂ'로 소리 남)
넓둥굴다 → [넙뚱글다]
넓죽하다 → [넙쭈카다]

⟨퀴즈⟩ 'ㄼ'이 'ㅂ'으로 소리가 나지 않는 음절을 골라 봅시다. (④)

① 밟다   ② 넓둥글게   ③ 넓죽하게   ④ 넓다

[2] 뒷받침이 소리가 나는 겹받침이 있는 음절을 찾아서 색칠하여 봅시다.

삯	욺	곬
삶	앉	읊
핥	닮	끊

2. 사다리를 타고 만나는 주제를 재미있게 읽어 보아요.

학생이 사다리를 완성할 수 있도록 지도해 주세요.
– 학생이 스스로 주제를 선택할 수 있도록 지도해 주세요. (예: 노래가사, 광고, 기사, 등)
– 흥미를 가지고 읽을 수 있도록 지도해 주세요.

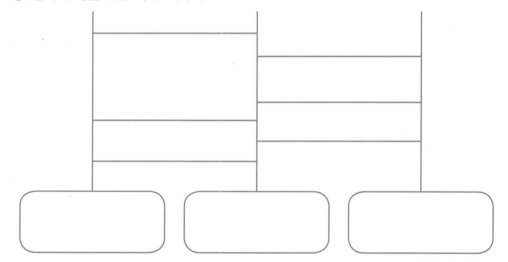

3. 잰말놀이를 재미있게 읽어 봅시다.

※ 이렇게 지도해 주세요.

– 교사가 학생에게 시범읽기를 할 때 학생은 손가락으로 글자를 가리키면서 눈으로 읽도록 지도해 주세요.
– 학생은 손가락으로 글자를 가리키면서 교사와 함께 읽도록 지도해 주세요.
– 학생 스스로 손가락으로 글자를 가리키면서 천천히 읽도록 지도해 주세요.
– 학생 스스로 읽기에 흥미를 가지면서 재미있게 읽도록 지도해 주세요. (예: 시간, 억양)

> 한국관광공사에서 근무하는 곽관광 한국관광공사 관광홍보과장은 한국관광주간을
> 맞이하여 많은 외국인에게 한국광관주간에 한국관광에 필요한 정보를 제공할 수 있
> 도록 인천국제공항에 한국관광을 홍보할 수 있는 한국관광공사 홍보관 설치하기 위
> 해 박강광 인천관광공사 관광홍보과장을 인천국제공항에서 만났다.

저자 소개

김동일(Kim, Dongil)

현재 서울대학교 사범대학 교육학과 교육상담전공 및 대학원 특수교육전공 주임교수로 재직하고 있다. 서울대학교 교육학과를 졸업하고 교육부 국비유학생으로 도미하여 미네소타 대학교 교육심리학과(학습장애 전공)에서 석사·박사 학위를 취득하였다. Developmental Studies Center, Research Associate, 한국청소년상담원 상담교수, 경인교육대학교 교육학과 교수, 한국학습장애학회 회장, 한국교육심리학회 부회장, (사)한국상담학회 법인이사, 한국청소년상담(복지개발)원 법인이사, BK21 PLUS 미래교육디자인연구사업단 단장을 역임하였다. 2002년부터 국가 수준의 인터넷중독 척도와 개입 연구를 진행해 왔으며, 정보화역기능예방사업에 대한 공로로 행정안전부 장관표창을 수상하였다. 현재 서울대학교 다중지능창의성연구센터(SNU MIMC Center) 소장, 서울대학교 특수교육연구소(SNU SERI) 소장 및 한국아동·청소년상담학회 회장, 한국인터넷중독학회 부회장, 여성가족부 청소년보호위원회 위원, (사)한국교육심리학회 법인이사 등으로 봉직하고 있다. 『바사와 함께하는 증거기반 수학 문장제 교수-학습 전략』(학지사, 2015), 『BASA-ALSA와 함께하는 학습전략 프로그램 워크북』(학지사, 2015), 『학습장애아동의 이해와 교육(3판)』(공저, 학지사, 2016), 『특수아상담』(공저, 학지사, 2016), 『교육평가의 이해(2판)』(공저, 학지사, 2016)을 비롯하여 50여권의 (공)저서와 200여편의 학술논문이 있으며, 20개의 표준화 심리검사를 개발하고, 20편의 상담사례 논문을 발표하였다.

2014년 정부(교육부)의 재원으로
한국연구재단의 지원을 받은 연구로 진행되었음
(NRF-2014S1A5A2A03064945)

연구책임자　김동일(서울대학교 교육학과)

참여연구원　김희주(서울대학교 특수교육연구소)
안예지(서울대학교 특수교육연구소)
이미지(서울대학교 특수교육연구소)
장세영(서울대학교 특수교육연구소)
신혜연 Gladys(서울대학교 특수교육연구소)
임희진(서울대학교 특수교육연구소)
황지영(서울대학교 특수교육연구소)
안성진(서울대학교 특수교육연구소)

교사용 지침서

BASA와 함께하는
읽기능력 증진 개별화 프로그램

읽기 **나침반**
❷ **읽기유창성편**

2017년 10월 25일 1판 1쇄 발행
2023년 08월 10일 1판 3쇄 발행

지은이 • 김동일
펴낸이 • 김진환
펴낸곳 • (주) **학지사**
　　　　04031 서울특별시 마포구 양화로 15길 20 마인드월드빌딩
대표전화 • 02)330-5114　　팩스 • 02)324-2345
등록번호 • 제313-2006-000265호

홈페이지 • http://www.hakjisa.co.kr
인스타그램 • https://www.instagram.com/hakjisabook

ISBN 978-89-997-1414-6 94370
　　　978-89-997-1410-8 (set)

정가 15,000원

출판미디어기업 **학지사**
간호보건의학출판 **학지사메디컬** www.hakjisamd.co.kr
심리검사연구소 **인싸이트** www.inpsyt.co.kr
학술논문서비스 **뉴논문** www.newnonmun.com
교육연수원 **카운피아** www.counpia.com